JN278253

猪木vs藤波戦後の控え室で
取材する著者（藤波の右隣、
1988年4月）

# プロレス「暗黒」の10年

検証・「歴史的失速」はなぜ起きたのか

元『週刊ファイト』編集長
井上譲二

# プロレス「暗黒」の10年

検証・「歴史的失速」はなぜ起きたのか

元『週刊ファイト』編集長
井上譲二

# まえがき

06年9月、『週刊ファイト』は休刊した。

BI全盛時代から日本のマット界を追い続け、足かけ40年弱。通算2000号は目前に迫っていた。

しかし、会社から突然の「宣告」を受ける。

編集長として、「その日」が近くやってくるという予感はあったが、もっと危機的な状況にあると伝えられていた『週刊ゴング』よりも早い休刊には、「なぜだ」という思いを禁じえなかった。


アントニオ猪木という不世出のスーパースターが現役を引退したのは、ちょうど10年前の98年4月。猪木引退興行では東京ドームに7万人の大観衆が詰めかけ、改めて猪木の偉大さと、プロレスマーケットのブ厚さを私は痛感させられた。

〝I編集長〟こと井上義啓氏によって育てられた『ファイト』の特色は、猪木と新日本プロレスにトコトン肩入れする、いわば「猪木新聞」。それだけに、猪木の引退で『ファイト』の未来を危ぶむ声が出てもおかしくはないはずだったが、少なくとも当時、私を含め不安を抱くような者は皆無だった。「闘魂三銃士をはじめとする猪木の後継者たちが、新日本プロレスのさらなる黄金時代を築く」

そう考えていたのである。多少の波はあれど、約50年間ずっと続いてきたプロレスが突然おかしくなるはずがないのだから。

しかしいま、私の目の前にかつてのプロレスはない。わずか10年、いや3年間という間に、崩れ落ちる高層ビルのように、一気に瓦解してしまったのだ。

さまざまなことがあった。主力レスラーの離脱、移籍。団体の乱立。ジャイアント馬場やジャンボ鶴田、橋本真也の死。暴露本の出版。総合格闘技の隆盛。インターネットの急速な普及。そして猪木の不可解な言動——それらすべてが、ひとつの塊となって、プロレスの興行ソフトとしての力を削っていった。

いまはもう、それらを嘆くまい。かつてのような黄金時代はもう戻ってくることはないが、それもひとつの宿命である。

しかし、「なぜだ」という思いは残る。メジャースポーツだったプロレスが、こんなにも急速に、あっけなく沈没することがあっていいのか。プロレス記者として、私の取ってきた態度は果たして正しかったのか。

『ファイト』が休刊し、師であるI編集長が他界したいま、それを改めて検証してみたくなったというのが本書を執筆する動機となった。プロレスを殺したのは誰か。その原因と責任の追及、そして自己批判である。

本書を「暴露本」と言う方もおられるかも知れない。開き直るわけではないが、私はそれを甘んじて受ける。私は『ファイト』時代、編集長として常に「売らんかな」の姿勢で仕事をしてきたことを認める。

なぜなら、そうでしか私は生き抜いていけなかったからだ。大阪の弱小新聞『ファイト』はあくまでゲリラ。生き残るためには、ルール破りもあり得る。それが、私のスタイルなのだ。

団体、選手、関係者にとって必ずしも信頼されたプロレス記者でなかったことは認めるが、子どものころからプロレスにのめり込み、記者となって青春時代に海外マット界を取材し、ここまで30年以上にわたって私を食わせてくれたものは、他ならぬプロレスである。それが崩壊して、寂しくないはずがない。

私は、長年「新日本プロレス」担当記者として、常にアントニオ猪木の周辺を取材してきた。だから、本書の内容の大半は、新日本プロレスを軸とした事象である。

『ファイト』読者のほとんどは猪木プロレスの信者であり、私は読者のニーズに応えるため、徹底的に猪木と新日本プロレスを取材、部下にも新日本の情報を求めた。私にとって新日本プロレスとは「特別な団体」である。

猪木引退後、新日本から退団、退社した選手、フロントは30人ではきかない。そして、彼らのほとんどは、プロレスビジネスに携わって失敗している。そして新日本は05年、ゲームソフト会社・ユークスの子会社となった。

このころ、晩年のI編集長は、新日本プロレスに関心がないようだった。あれだけ猪木に心酔し、あれだけ新日本だけを見続けていた人が、格闘技を語るようになったのである。

「どうしたんだ、新日本！」

私はこう叫びたい気持ちだった。それと同時に、総合格闘技の緊張感を求めるI編集長の胸の内がイヤというほど分かった。かつて猪木が発していた殺気とオーラが、いまの新日本にないのはどうしようもない事実だからだ。

本書は、いわゆる「プロレスへの提言書」ではない。正直に言えば、私は、いまだに「プロレス復興論」の答えを見いだせないでいる。それは、いつか確信を持ったときに記すとして、いまはただ、この10年を総括するにとどめたい。

井上　譲二

# プロレス「暗黒」の10年

検証・「歴史的失速」はなぜ起きたのか

目次

## 第四章　去りし者たちの「修羅」

## 第七章 「仕掛人」時代の終焉

# 第一章　暴露とケーフェイの間

## ●「ミスター高橋本」の衝撃

89年から丸10年間にわたって新日本プロレスの社長を務めた坂口征二氏によると、同団体の業績が急激に悪化し始めたのは02年あたりから。90年代終盤の最盛期には38億円あった年商がアッという間に30億円前後にまで落ち込み、その後、2年余りで20億円を下回るようになったという。

また、草間政一元社長も02年から04年にかけて赤字決算だったことを証言しており、凋落の時期はピタリと一致している。

「なぜだ!」

これが、プロレス黄金時代に生きてきた坂口氏の偽らざる心境だろうが、その要因は分かりすぎるくらいハッキリしている。

「PRIDE」を中心とする総合格闘技の大ブレークと興行の柱になっていた橋本真也、武藤敬司らスター選手の離脱（橋本は00年11月に解雇、武藤は02年1月に退団）、そして新日本のメーンレフェリーだったミスター高橋氏が書き上げた驚愕の暴露本『流血の魔術　最強の演技』の出版（01年12月、講談社）。この三つがわずか2年間に重なったためだ。

いずれも新日本にとっては超ド級の衝撃だが、72年3月の旗揚げ戦からストロングスタイルをウタイ文句にしてきた団体だけに、最も信用を傷つけられたのは高橋氏の暴露本だった。

事実、『週刊ファイト』編集部にも、「新日本に失望した」「何十年も猪木にだまされてきた。もうプロレスファンをやめる」といった内容の電話や抗議が寄せられ、その中には「オマエ（『ファイト』）

も グルだったんだな」という批判もあった。

プロレスはすべて、あらかじめ勝敗の決まっているショーであるというこの暴露本によってプロレス界が受けたダメージは小さいはずがない。なにしろ、証言しているのはリングの上に立つレフェリーである。

発売直後から増刷を重ねたこの『流血の魔術―』は、最終的に20万部近い数字に達したという。さらに発行元の講談社が読売新聞などに掲載した広告やインターネット、口コミで本の概要を知った人の数は計り知れない。それは、まさにすべてのプロレスがショーであることを満天下に知らしめたのである。

## ●伝説の書『ケーフェイ』の中味

高橋氏の本以前にも、プロレスの仕組み、もっと言えば八百長説を示唆する報道や書籍はたくさん出ている。

有名なのは85年に、ターザン山本氏が佐山聡を担ぎ出してプロデュースした『ケーフェイ』(ナユタ出版会)だ。これにいち早く反応したのはジャイアント馬場率いる全日本プロレスで、口頭ながら山本氏に〝出入り禁止〟を通告している。

しかし、『ケーフェイ』は本のタイトルこそものものしくあれ、内容は、佐山の心象風景、内面の葛藤を描いた文芸作品といった側面が強かった。プロレス技における動きが根本的に持つ矛盾を指摘する部分もあったが、個別の試合の内幕話ではなく、試合の作り方をバラした『流血の魔術―』ほどプロレス人気に悪影響を与えなかった。またインターネットが世に出ていない時代背景もマット界にとって幸いだったといえる。

同じ85年には、月刊誌『噂の真相』が猪木vsブルーザー・ブロディ戦における「八百長流血」についてビデオ検証している。ブロディが右手に持った何かを自らの脚に押し当てると、パッと血が流れ出す。画像があるだけになかなかの説得力ではあるのだが、これらが一般のプロレスファンに大きな影響を与えることはなかった。

こうした過去の報道と、高橋氏の本の違いは、突きつめて言えばリアリティーに尽きる。当事者によって詳細に書かれたものであること。これが高橋本の本質である。

私は、『流血の魔術―』を初めて読んだとき、「ここまで書いてしまったか」という印象はあったが、個人的にはさほど衝撃ではなかった。もちろん知らないエピソードも含まれていたが、プロレスの仕組みについてはもちろん了解していたし、高橋氏から直接聞いていたこともいくつかある。

甘いのではないかと言われれば認めるしかないが、この本がプロレス界に与える影響の大きさについて、私は軽視していた。この本の意味について、インターネット上では騒然となっていることは知っていたが、日々の業務に忙殺され、細かくチェックするようなこともしていない。私は、業界に訪れている激動を正確に把握していなかったのだ。

とにかくこの書によって、それまでグレーゾーンにとどまっていた「プロレス八百長説」に関する議論は、完全に決着してしまったといっていい。エピソードはすべて新日本のリング上で起きたことだっただけに、最も打撃を受けたのは新日本プロレスであった。

## ●「偽善」ではないのか

公務員や一般企業でも、業務上知りえた重要な秘密については、たとえ退職したとしても他に漏らしてはならないという決まりごとがある。事実、プロレス最大のケーフェイを、こうした形で明かして見せた選手、レフェリー、フロントは過去いなかった。そういう意味で、私はこのとき高橋氏と新日本の関係は相当悪くなっているのではないか、と推察した。

では、『流血の魔術——』を書くにあたって高橋氏には「新日本やプロレスマスコミに迷惑をかけてしまう」という罪悪感や、プロレス界全体を敵に回すかもしれないという恐怖心はなかったのだろうか？

私は大いにあったと思う。なくてはおかしいのである。長年プロレス界に身を置いた高橋氏が、この書を出す意味を理解できないわけはない。

私は、高橋氏が新日本に恨みを抱いていない、というのは信じる。しかし、こういうことは言えると思う。

もし、新日本が高橋氏に対し相応の対処をしていたなら、ケーフェイを破る本までは出なかったのではないか。

もし、引退後に高橋氏が設立したという警備会社がうまく軌道に乗っていたら、世話になった新日本が困ると分かるような本は出せなかったのではないか、と。

高橋氏本人の主張は別として、この本を読んだ誰もが「暴露本」と感じたことは事実。それに対し「暴露ではない」と言い張ったのはどうみても苦しい言い分。仮に提言が含まれていても、暴露本は暴露本である。

先に言ってしまえば、高橋氏があくまで「名誉ある出版」を主張したことが、プロレス業界、ファンの態度を固くさせた。「偽善ではないか」「やっぱり新日本に恨みがあったとしか思えない」と感じたファンも多かったはずだ。

## ●功労者を「冷遇」した新日本

誰が見ても高橋氏は新日本の功労者のひとりである。マット界では珍しいぐらいのマジメ人間。若いころから賭け事もオンナ遊びもやらなかった。几帳面で、昔かたぎの性格である。

試合に重要なレフェリングを行ないながら、外国人レスラーのコンディションや巡業中の行動に目を光らせてきた。初来日時に無名だったタイガー・ジェット・シンが新日本のドル箱に変ボウを遂げたのも高橋氏の助言とケアが大きくモノをいっている。

そんな高橋氏を、新日本は切った。長州一派の出戻り（87年5月）後、メーンレフェリーを続けられるだけの体調を維持していたにもかかわらず引退させている。この一件については、昔から高橋氏を煙たがっていた長州力が現場の風通しを良くするために、高橋氏を退社に追い込んだとされている。

ここでまず、長年メーンレフェリーとして、あるいはマッチメーカーとして貢献してきた高橋氏としてはプライドを傷つけられたことだろう。

アマレス出身の長州は、同じアマレス閥のタイガー服部氏を重用。鉄のつながりを持つアマレス人脈の中に入っていない高橋氏は、長州からすれば目の上のタンコブだったかも知れない。

高橋氏には役員待遇の肩書が与えられていたものの、その分の手当てが支給されていたのと、退職後にサラリーマンの年金並みの金額が1年間にわたって振り込まれただけで、退職金は出なかったという。

新日本はなぜ、トレーナーとして高橋氏を会社に残さなかったのか？　結果論ではあるが、それも悔やまれる。

## ●「高橋本」とプロレスマスコミの対応

さて、『流血の魔術――』が発売された後の団体やプロレスマスコミの対応についても触れておこう。まず『ファイト』だが、編集長だった私は自分の部下やフリーライターに、この本について一切書いてはならないことを通達。会社に対しては広告を受け付けないことを進言した。

そして、『東スポ』をはじめとするスポーツ紙、『週刊プロレス』『週刊ゴング』、『レジャーニューズ』も無視する姿勢を取っていた。後に高橋氏の続編となる書をプロデュースする宮崎満教氏だけは『内外タイムズ』1面で大きく書こうとしたが、現場の担当記者たちが「新日本から取材拒否を食らうからやめてください！」と懇願。寸前のところでお蔵入りとなったという。

このときの『ファイト』の対応について、つまり黙殺したことについて、私は間違っていたとは考えていない。

高橋氏が書いていることは、大筋でそのとおり。ただ、それを外に漏らさないことが、マスコミを含めたプロレス界全体の利益だったわけだ。基本線として事実を書かれては議論でひっくり返せるものではない。世に出てしまったものは仕方がないのだ。

確かに『ファイト』は裏ネタを売り物のひとつとした媒体であったが、その本質はやはりプロレス村の住人の1人にすぎない。他誌が団体を9割がたヨイショするところ、それを7〜8割にとどめていただけの話で、やはり、プロレス全体が盛り上がることによって恩恵を受けていたのだ。

当時『週刊ゴング』編集長だった金沢克彦氏は、「あのとき黙殺するのではなく、反論して戦うべきだった」と後に語っているが、私はいまでも、反論したところでヤブヘビになるだけだったと考える。「こういうことを書いていいのか」という議論はできただろうが、その本を20万人もの人が購入したという事実はなかなか重い。ファンの間でも、批判ばかりではなく「よく書いた」「面白い」という人はたくさんいたのだから。

ターザン山本氏は、高橋氏を批判する書籍まで出したが、まったく売れなかった。日頃から「売れなきゃ意味がない」と言う山本氏は、その意味で高橋氏に完敗である。私としては、高橋本と交わらないという選択肢以外、思いつかなかったというのが本当のところだ。もっとも、その後これほど『ファイト』の実売部数が落ちると分かっていれば、静観することはなかったかもしれないが……。

団体側の反応はというと、新日本、全日本、ノアの数選手が要領の得ないコメントを口にしただけで各団体のフロントは沈黙を守ったまま。特に新日本は、ほとぼりが冷めるのを待っているように見受けられた。「高橋の野郎!」といった威勢のよい言葉が聞かれたのはオフレコの部分だけである。

唯一、暴露本が出て半年ほど経ってからノアが高橋氏への直撃インタビューを載せた『紙のプロレス』(現『kamipro』)に対し取材拒否を突きつけたものの、違うターゲットにタマが当たったという印象しかなかった。

07年、『週刊現代』が朝青龍ら外国人力士の八百長疑惑を告発した際には、日本相撲協会が同誌や記事を書いたライターに対し民事訴訟を起こしているが、プロレスの場合、それもできない。とにかく、嵐が過ぎ去るのを待つ——ところが、この嵐は想像以上に大きかったのだ。

## ●「カミングアウト」でプロレスは復活しない

高橋本の内容は、プロレスはショーであることをカミングアウトし、時代に合ったエンターテインメントとして生まれ変わるべきである、というもの。

しかし、私はそう思えない。逆に、プロレスラーが自ら勝ち負けの意味を無効としたら、プロレスは瀕死どころか完全にご臨終となってしまうのではないかと思う。

たとえば、次期シリーズのカードを発表するとしよう。

「目玉は、超大物外国人と団体エースのタイトルマッチ。なお結果はもう決まっていて、外国人が勝利しタイトルを奪うからどうぞ楽しんでください」

これで、誰がプロレスを見るだろうか。チケットが売れるだろうか。

プロレスと言うのはカミングアウトしようがしまいが、勝ち負けを決めるスポーツ、格闘技である。試合は勝敗が決することで終わるのであり、そこに向かってすべての試合は流れている。

いくら試合の醍醐味を見せるのがプロレスと言っても、勝ち負けも競わず延々とチョップを打ち続けていたら、これはマンガである。勝つか、負けるか。つまり勝負論はどんな国のどんなプロレスにも必要な要素であって、ことさら当事者がカミングアウトする必要はない。

生前の馬場さんは、ごく親しい記者にこう言っていた。

「オレらの口から言ったらおしまいだよ」

プロレスがあらかじめ勝ち負けの決められたショーであることを言わない、書かないというのは、この業界の契りのようなものだった。

「本当のことを書かない」と批判されればそれまでだが、そこを書いてもファンに有益なことではないと判断して、私たち記者は秘密を知りながら書くことを自粛していた。もっと正直に言えば、書いてしまうことで、仲間から後ろ指をさされたくなかったのだ。

## ●ファンがシラけた

プロレスがもう曲がり角にきているのは確かにそうであるが、「プロレスはエンターテインメントですよ、ショーですよ」と言えば、それが起爆剤になるかといったら、それは違うのではないか。

マジシャンの世界のタブーは、他のマジシャンのネタをバラすことだ。いや、自分のことであっても基本的に種明かしは許されない。あらかじめネタが分かっているマジックは、「それをどう自然に見せるか」という楽しみ方ができるかもしれないが、「へェー」という素直な驚き、感動はない。流血の仕組みを知ったファンに、「いつどのようにカットするか」という注目のされ方をしたら、レスラーもたまったものではないだろう。

高橋氏の本で、いまやほとんどのファンが「プロレスはショーである」ということを知ってしまった。しかしいま、プロレス人気が回復しているかといったら逆に下がっている。エンタメ路線を強く打ち出し事実上カミングアウトしている「ハッスル」なども、人気はいまひとつだ。

高橋氏の本が爆発的に売れた理由は、実際の試合や事件の「真相」を書いたからであって、「カミングアウト」の主張が共感を集めたからではない。高橋氏は心外だろうが、ファンは「カミングアウト論」に言いわけしか感じなかったと思う。本が売れたこと自体は素直に「スゴいな」と思うが、プロレスにおける勝負論を無力にする主張が、ファンに受け入れられたとはとうてい思えない。

いまから約20年前、私はある青年会議所でプロレスについての講演会をやったことがある。

「プロレスがショーだと思っている方は手をあげてください」

すると5分の2くらいの人が手をあげた。残り（全体の6割）は、プロレスに勝負論はあると考えていたわけだ。私は、空前の盛り上がりを見せた95年の新日本vsUインター対抗戦のあたりまで、この割合はさして変わらなかったとみている。すでに8、9割のファンが「プロレスはショーだ」と考えているなら高橋氏の主張にも一理あると思うが、少なくとも『流血の魔術—』の出版当時はそうした状況ではなかったと思う。高橋本はまったく面白いが、それによってシラけたファンもまた多かったはず。業界にとっては百害あって一利なし！……私は改めてそう思う。

## ●暴露ムック本の乱発

高橋氏が『流血の魔術—』を出版した1~2年後から、出版界で「プロレス暴露本ブーム」が巻き起こった。

それまで守られてきたケーフェイは一気に「解禁」となり、過去に起きたプロレスの事件やスキャンダルが掘り起こされては「真相」なるものが世に発信されていった。

私は、それらを熱心に読んでいたわけではない。プロレス記者でもない連中が、本当に分かっているのかなという気持ちはあったが、もともと裏ネタを追ってきた私にとって、それを批判することはそのままブーメランのように自分にハネ返ってくることだった。

しかし正統派のプロレス誌の連中は、そうノンキなことは言ってはいられなかった。自分たちの畑を荒らしまわる暴露本ムックのおかげで、実売数は漸減する一方。しかも、マズいことにそのムックがけっこう売れるのだ。

プロレスマスコミではない出版社は、しがらみがない分、縛りがない。また、一般週刊誌の視点で取材をかけるため、中には驚くほど深い記事もある。記者の間で評判を呼ぶ記事も出たし、おまけに原稿料も悪くないという話で、ひそかにアルバイトをする専門誌記者も多かった。

ムックが「真相」をウタって勢力を伸ばしても、あくまで『週刊プロレス』『週刊ゴング』は同じ土俵で勝負することはできない。それはまるで何でもありの総合格闘技選手に蹂躙されるプロレスラーの姿に似ていた。

こうした暴露系ムックは2、3年ほど出続け、最近ではもう出尽くした感がある。プロレス団体そのものに対しては、それほどネガティブな影響はなかったと思うが、既存の専門誌にはボディーブローのようなダメージがあったはず。団体に対して都合の悪いことは書けないプロレスマスコミとしては苦しい時期だったが、巨視的にみれば、高橋本と比べて、これら暴露ムックのプロレスに対する影響は微々たるものだと思っている。

## ●猪木のひとこと「死ねばいいじゃん」

私が第一線記者として新日本や米マットの取材にあたっていた70年代後半から80年代後半にかけて、高橋氏には良くしてもらった。それこそ自由に外国人レスラーの取材をさせてもらったし、巡業バスにもよく乗せてもらった。一緒に試合後の夕食をとる機会も多かった。

そのころも会社に対する不平不満が相当たまっている様子で、私はこんな話を聞かされたものだった。

まずワガママな外国人レスラーを管理しなければならない立場に置かれながら、ほとんど経費を使わせてもらえなかったこと。彼に言わせると、たまに食事や酒をおごっておくとマッチメーカーの指示に対しあまり文句を言わなくなり、自分への態度も変わってきて仕事もしやすくなるという。

アンドレ・ザ・ジャイアントにギブアップ負け（猪木戦）のアングルを受けてもらうのに、たいへん苦労したというエピソードは、本に書かれる前から私は聞かされていた。

臨時ボーナスでも支給されるのならまだその苦労は報われるのだが、社長である猪木から出たのは「高橋、ありがとう」のひと言だけだった。猪木はこういうところがダメである。

こういうこともあった。あるとき、ファンからカミソリの入った脅迫状が高橋氏に届いた。手紙の内容は「極悪レスラーのタイガー・ジェット・シンに肩入れするオマエをブッ殺す」というもの。高橋氏がそのことを猪木に報告すると、返ってきた言葉は「死ねばいいじゃん！」。もちろん猪木が本気でそれを言ったわけではないが、マジメ人間の高橋氏にとってはショックな言葉だっただろう。

高橋氏が理屈に合わないことが嫌いな正義感であることを示すエピソードにこんな話もある。高橋氏は若いころ、知人の経営する大阪府藤井寺市のすっぽん料理店の前でヤクザをボコボコにしてしまったこともあるのだ。私はその光景を見たわけではないが、目撃者によるとそれはあっという間の出来事で、溝に倒れこんでいた男は半失神状態だったという。どうやら高橋氏は男に因縁をつけられブチ切れたようだ。

まったく体格もパワーも違うのだから、このストリートファイト、高橋氏に軍配が上がるのは当然である。だが、そこはヤクザのこと、当然バックがある。ドスやチャカが飛び出すケースとてあるのだから、腕や度胸だけではヤクザ相手のケンカはなかなかできるものではない。

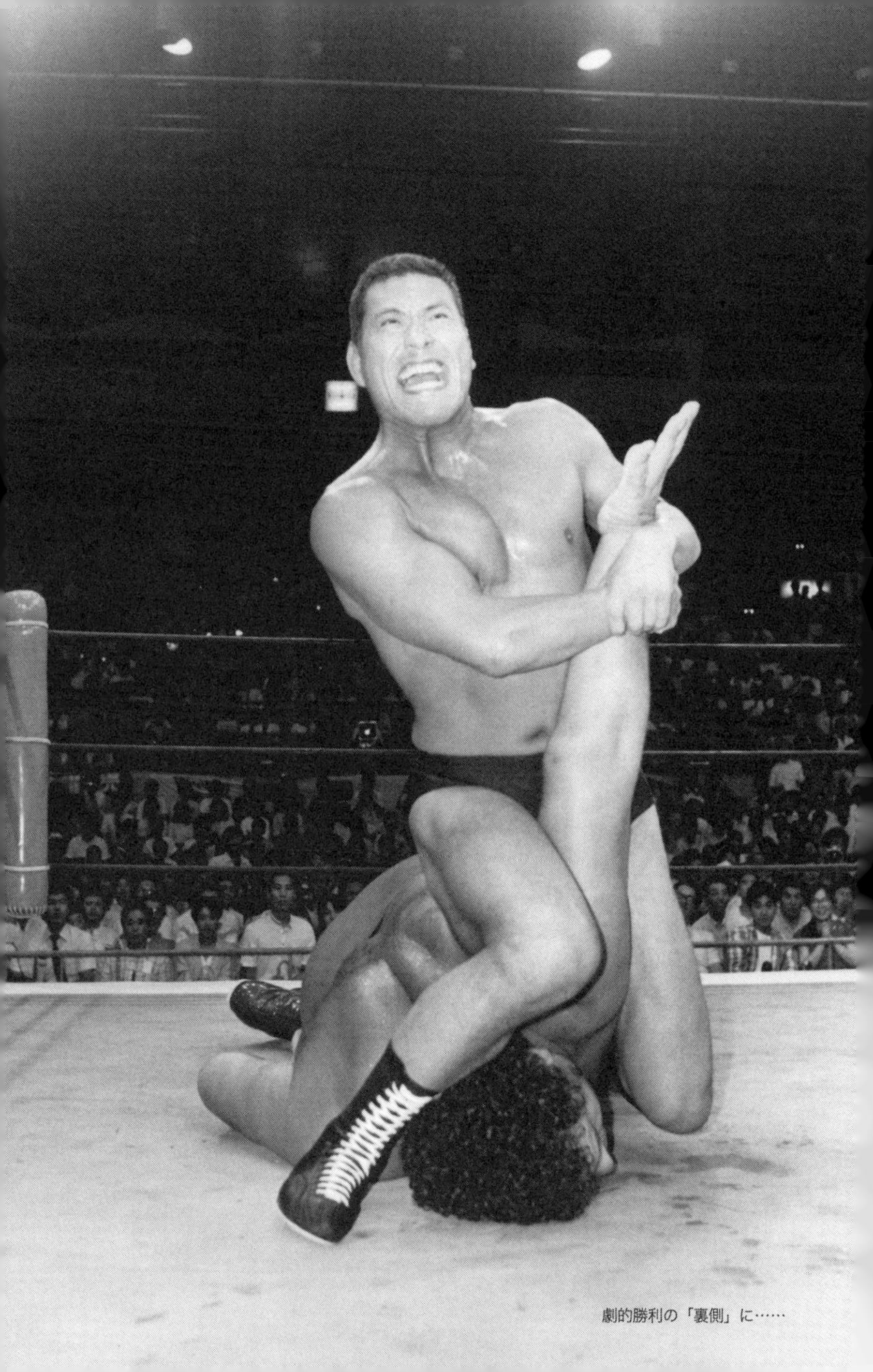

劇的勝利の「裏側」に……

あの力道山や前田日明でさえもヤクザから脅迫電話がかかってきたときには怯えていたほどだから、高橋氏のケンカ度胸がいかにすごかったかが分かるだろう。

## ●『ファイト』連載をめぐる高橋氏との確執

実は、あることが原因で私は編集長時代、高橋氏とは疎遠になっていた。そのあることとは、20数年前に彼の要請で『ファイト』に「ミスター高橋のチュービングトレーニング」を連載した際、その原稿料を私がネコババしたのではないかと高橋氏が周囲に話していると聞いたからだ。

いくら何でも原稿料のネコババとは人聞きが悪すぎる。第一、私は原稿料を支払うと約束したことはまったくない。というのも、連載の内容は高橋氏にとって十分、広告同然の内容になっていたわけで、正直言って、当時30ページしかなかった紙面のうちチュービングトレの記事に1ページの編集紙面を割くことはやりたくない、迷惑なことだった。

それに、当時はまだ1記者にすぎなかった私が依頼原稿の金を手にするはずがないし、領収書や振込書が付いていない伝票は100%、経理に認められない仕組みになっていた。それは新日本も同じだろう。

痛くない腹を探られた当時は「バカな」と怒りもしたが、それはもう過去のこと。いまでは彼に対する気持ちもすっかりおさまっている。

私は、自ら裏ネタでメシを食ってきた人間として、また新日本のある種の非情な体質を知る人間として、高橋氏個人を責めるつもりはまったくない。ただ、カミングアウトが日本マット界に必要かどうかという点で、高橋氏と違う考えを持っているだけである。

# 第二章　「I編集長」の遺言

## ●私が「I編集長」と議論したプロレスの未来像

亡くなる直前までI編集長（井上義啓・『ファイト』初代編集長）が訴え続けたプロレス界への提言、つまり遺言は、「勇気を出して真剣勝負のプロレスに方向転換しろ！」というものだった。

昨今、本来は興行の切り札となるタイトルマッチやトーナメントを開催しても観客動員数の上積みはほとんどなくなっている。それは試合に勝負論がないうえ、組み合わせによって結果までミエミエであるためだ。

このようにタイトルマッチの効果まで薄れた要因がハッキリしている以上、井上氏の提言に共鳴したファンも少なくないと思う。

07年、東京・後楽園ホールでＩＷＧＰヘビー級選手権戦が2回行なわれ、いずれも満員になってはいるが、日本マット界最高峰といわれるタイトル戦がキャパシティー１８００人程度の小会場で行なわれるのはあまりにも寂しいし、バーゲンセールと言われても仕方がない。

「プロボクシングの世界タイトル戦だって後楽園でやることもあるじゃないか」と言う人もいるかもしれない。しかし、プロレス人気がプロボクシング並みになったら、年俸制の所属選手と社員を合わせて60人以上の大所帯である新日本の経営は成り立たないのだ。

それはともかく、私は1度だけI編集長の提言に反論したことがあった。

「おっしゃる通り、プロレスを真剣勝負に変えたら離れたファンが帰ってきて、もう1度、黄金時代を築けるかもしれません。でも、レスラー同士がそれで戦っても結局は打撃で決まるか寝技で決まるかという展開になって総合に近い内容になりますよ。プロレス技なんてひとつも出ないでしょうし……」

そんな私の意見に対しI編集長は、

「キミの見方も正しいかもしれんが、オレはプロレス技も結構使えると考えているんだ。相手が弱っていなくたってラリアートでもニードロップでも使えますよ。場外乱闘やって思いっきりイスで殴りつけてもいいわけだし。要はルール。ルールをキッチリ決めてやればファンはついてくるよ」

と言っていたものだ。

私はその後も〝真剣勝負のプロレス〟をシミュレーションしてみたものの、どのように考えてもプロレスがプロレスでなくなってしまうし、レスラー同士のぎこちない総合マッチしか頭に浮かんでこない。さらに、年間50試合どころか15試合もできず、団体経営を維持できないという問題も噴出するだろう。

あるいは「このトシになって、こんな危険な試合はやってられない」と廃業を申し出るベテラン選手がいるかもしれない。

やはり、不可能なのだ。

## ●I編集長の考えを体現した佐山聡、前田日明

過去にI編集長とほぼ同じ考えを持つレスラーも存在した。前田日明、佐山聡の2人である。

彼らが編み出したのが、サブミッション、スープレックス、キックの三つを主体にしたＵＷＦスタ

イル。第1次UWF時代にまいたタネが第2次UWFで見事に開花……〝真剣勝負の新プロレス〟として大人気を博し、社会現象まで引き起こしたのはみなさんもご存じだろう。

なにしろ、ノーテレビの新興団体が1万人規模の有明コロシアム、日本武道館、大阪城ホールのみならず、東京ドーム初進出（89年11・29「U-COSMOS」）まで果たしたのである。私の知る限り、第2次UWFの実券の数はピーク時の「PRIDE」や「K-1」に匹敵するか、それ以上だ。

当時、エースの前田がどれぐらい稼いでいたのか知らないが、彼はドーム初進出前に3千数百万円の白いポルシェを購入していた。会社の金の流れをめぐって前田と神新二社長がもめていなければ、UWFブームはあと数年続いただけでなく、地上波か衛星放送を獲得して安定期に入っていたのは間違いない。

もっとも、そのUWFスタイルにしても後に前田

ルールある「真剣勝負」を志向した佐山と前田

が自著で告白しているように、100%真剣勝負ではなかった。どんなに知恵を絞ってもそれらしく見せかけるだけでは本物のガチンコ勝負には勝てないということだろう。

現在、格闘技とプロレスの「中間」はない——しかし、過渡期における一時期にはそれが存在した。それがUWFだったのだ。

真剣勝負のプロレス、それは古くて新しい問題だ。言い換えれば答えのない永遠のテーマである。

その意味でいうと、私がこれまでテレビ、ビデオを含めて見てきた内外のプロレスラーのなかで、ルー・テーズの試合だけは真剣勝負らしく映った。

「20世紀最強のレスラー」といわれた全盛期のテーズは、トップクラスとの試合でも相手の技はほとんど受けなかった。大技はもとより、プロレスにおいては基本技にすぎないアームロック、リストロック、レッグロックもめったにかけさせない。

そうなると、対戦相手はロックアップを仕掛けてヘッドロックにとらえ、テーズの動きを止めるしかなくなる。それがまたバックドロップを放ちやすい体勢に持ち込むテーズの戦略のひとつだった。

この必殺技がサク裂したが最後、相手は一巻の終わり。その攻防がたまらなくスリリングで、プロレスを色メガネで見ていた人たちもテーズの試合にはケチをつけなかったものだ。

だが、妥協のないストロングスタイルに徹したテーズも、66年1月、米ミズーリ州セントルイスのキール・オーデトリアムで〝荒法師〟ジン・キニスキーに同王座を明け渡してからは米マットの表舞台から姿を消してしまった。

あまりに地味なファイト内容に全米のファンが消化不良を起こし、ある時期からテーズの集客力が暴落したことがその理由とみられている。

私は、テーズは実際に強かったと思っているが、いまの時代にテーズ・スタイルを復活させたら、勝負論は期待できてもプロレスファンは会場に寄りつかなくなるような気がする。プロレスに限っては、リバイバルブームは起こり得ないのだ。

## ●日本における「ガチンコプロレス」とその結果

70年代後半から80年代終盤にかけて、私は『ファイト』の記者として日本全国はもとより北米大陸やヨーロッパにも取材に出掛けていた。それでもシュートマッチに出くわしたことはほとんどない。目撃したのは、第1次UWF時代の前田vsスーパー・タイガー（85年9・2大阪府立臨海スポーツセンター）、新日本マットでの前田vsアンドレ・ザ・ジャイアント（86年4・29津）、前田vs長州（87年11・19後楽園）の3試合のみ。いずれも前田がらみで、このレスラー同士のガチンコ勝負には下手な総合マッチを上回る迫力と緊張感があったが、残念ながら試合そのものは成立しなかった。

プロレスのボロが出るとともに、後味の悪さも残った。対戦相手を本気で潰しにかかったら、レフェリーやセコンド陣がノーコンテストか反則裁定に持ち込むのは初めから分かっていること。それならプロとして絶対にやるべきでないのだ。

ところで、サイドから長州の顔面を狙撃して右眼窩底骨折という重傷を長州に負わせた前田は、新日本から解雇処分を食らった。故意か偶然かは別にして「危険行為」とみなされたのである。

それについて世間の〝識者〟たちは、

「ヘェー、前田は相手の顔を蹴っただけでクビになっちゃったの？　凶器攻撃も容認するプロレスは何でもありだと思っていたけど」

と新日本を嘲笑ったが、当時の社長であった猪木が下した判断はまったく正しい。

あの6人タッグでの前田と長州の絡みには、開始早々から互いの攻撃を受けないなどシュートの予兆が表れていたが、背後から忍び寄った前田がキックを放った際、長州は木戸にサソリ固めをかけており、キックをかわせる体勢ではなかった。暗黙のルールを守ることを義務付けられているプロレス側からみれば、長州が欠場を強いられるほどのケガを負えば、それを容認することはできなかったのだ。

仮に米マットでそのような事件が起きた場合、仕掛けた側にどの程度の処分が与えられるのか。この疑問を複数のベテランレスラーにぶつけてみたことがある。すると返ってきた答えは〝永久追放〟で一

新日本追放の原因となった前田の「顔面キック」

致していた。

日本マット界と違って、当時の米マットのプロモーターには団体の枠を越えた横のつながりがあり、誰かが故意に対戦相手を負傷させたら数日以内に全米のオフィスに情報が伝わり、そのレスラーはブラックリストに載る仕組みになっている。

また、米マットのレスラーたちは一銭の得にもならないことはまずやらない。たまにパンチやキックが相手の顔や急所に入りエキサイトするシーンはあっても、その場ではやり返さない。ドレッシングルームに引き揚げてからやり合うのだ。私は、そういう話をデストロイヤー、ニック・ボックウィンクルらから聞かされたことがある。

そもそも米国ではプロモーター側にも選手側にも「プロレスを真剣勝負に変えたらどうか」「誰が1番強いのかを決めよう」といった発想は一切なかった。あのシュート志向の強いカール・ゴッチにしても観客の前で刀を抜いたことは1度もなかったという。

プロレスの枠組みを守って、ファイトは「真剣勝負」に——だが、これでは試合が成り立たないことを彼らはよく知っているのだ。

## ●旗揚げ戦「ゴッチ勝利」で予定調和を否定

I編集長が、新日本と全日本の人気が拮抗していた70年代前半に早々と新日路線を打ち出した理由と、私が最後まで同団体中心の編集方針を貫こうとした理由は明らかに違っていた。

まずI編集長の場合、自身でくどいぐらい述べていたように、新日本が標ボウするストロングスタイルに共鳴し、エース猪木の闘いぶりに魅了されてしまったからである。

キッカケは新日本の旗揚げ興行となった72年3・6大田区体育館のメーンイベント、アントニオ猪木vsカール・ゴッチ。ここでI編集長は猪木の勝利を信じて疑わなかったという。

それは猪木の実力がゴッチを上回っていると分析したためではない。ノーテレビのまま急発進した新団体が興行の切り札であるエースを負けさせるはずがないという簡単なプロレス方程式に沿った試合予想であった。

結果は猪木のピンフォール負け。

これは、確かに当時としては「勝負論のあるプロレス」をアピールするのに十分なインパクトがあった。まだ不透明な試合結果が横行していた時代だから、両者リングアウトか反則裁定でも観客はそれな

新日本プロレス旗揚げ戦でサプライズを演出した猪木

りに納得したはずだが、猪木にとってはマスコミ、ファンの予想を覆し真剣勝負に見せかけることのほうが重要だったようだ。

全国の会場がまんべんなく超満員になり、40～50％というテレビ視聴率を弾き出していた1957～63年の力道山時代にも「プロレス八百長説」はあった。当時からプロレスファンだった私も周りから「プロレスはショーだ」「あの流血はインチキだ」とよく言われたものだ。

しかし、力道山が他界して馬場&猪木の時代になってからも、プロレスが好きな人たちは「すべての試合がショーだ」とはみていなかった。

少なくともタイトルマッチや異種格闘技戦は真剣勝負だろうと思い込んでいた。おそらく、そんなファンはまだ皆無というわけでもないだろう。

加えて、ひとつの傾向としてプロレスファンにはあまり人を疑わないタイプが多い。語弊があるのを承知の上で言わせてもらうと、霊感商法などの詐欺に引っかかりそうな人間である。あるいは信頼している友人や恋人に裏切られる。この本を読んでいるあなた、もしくはあなたの周辺にそんな元プロレスファンはいないだろうか？

I編集長は、少なくとも猪木のプロレスに、「殺し」を感じ、それを支持した。そして、I編集長の姿勢に同調するファンも多かった。これが『ファイト』の原点である。

## ●「舌出し失神事件」と猪木の〝前科〟

もともと小説家志望だったI編集長の場合、新大阪新聞社に入社したことでたまたまプロレス記者になっただけで熱狂的なプロレスファンではなかった。

そこが専門誌の記者たちとの違いだが、もっと異なる点はプロレス記者になってからプロレスにのめり込んでしまったことだ。40年近くの付き合いがあった私の知る限り、それは猪木が新日本を旗揚げしてからである。

だから、70年〜80年代の新日本と全日本の人気の比重が仮に3対7だったとしても、I編集長の新日本にウエートを置く編集方針は変わらなかったと思う。

私は、そうではない。売れるから新日本を大きく扱っただけ。ただ、I編集長の凄まじいところは、新聞という刊行物を、まったくの自分の考え、自分

「失神」＝自演自作説を信じなかったI編集長

の価値観だけで編集してしまったことである。これはもはやいまの時代にできることではない。

新日ファンの間で後々まで物議を醸した83年6・2蔵前国技館での猪木vsハルク・ホーガン（『第1回ＩＷＧＰ』優勝戦）。日本マット史に残る猪木の〝舌出し失神事件〟が起きた試合だが、Ｉ編集長だけは猪木引退後も「あれはホンモノだ」と主張し続けた。大阪に戻ってから鏡の前に立ち、自分で舌を出し続けるという〝実験〟まで行ない、演技ではないという確証をつかんでいたという。

確かに、失神した（？）猪木の顔を心配そうにのぞき込む坂口征二氏や木村健悟氏の表情には、何も知らされていない分、リアリティーが溢れていた。Ｉ編集長はそのことも〝ホンモノの失神〟であることの根拠に挙げている。

だが、Ｉ編集長とは逆に、キャリアを積むほどにプロレスそのものには客観的な態度を取っていた私は、「失神」をハナから疑っていた。

リングサイドに駆け寄って見た猪木の表情が、その2年ほど前の岡山大会で見た表情とまったく同じだったからだ。

## ●「失神」した猪木が平然と晩メシ

テレビマッチでタイガー・ジェット・シンとタッグ対決を行なった猪木。確かＮＷＦヘビー級戦の前哨戦だったと記憶しているが、猪木はいつになく厳しいシンの猛攻を受けて失神。そのときは控室に戻らず、若手選手の背中に担がれたまま会場を後にした。

「こりゃあ、一大事だ！」

　私は会場ロビーの公衆電話からI編集長の自宅に緊急連絡を入れた。

「編集長、大変な事件が起きました。猪木は失神したままタクシーに乗せられて宿舎に引き揚げました」

「そうか！　非常にご苦労なんだけど、キミ、今から猪木の宿舎に向かってくれる？　タクシー代ならいくら使ってもかまわないから。今日の岡山大会の原稿、これからが勝負だからな」

「ハイ！　もちろん分かっています。頑張ってきます」

　あのときのI編集長とのやり取りと失神した猪木の表情は今でも私の脳裏に鮮明に残っている。

　ところが、岡山駅前にある選手宿舎の「丸亀旅館」に入っていくと、ユカタに着替えた猪木が平然と晩メシを食っているではないか？　その光景を見てショックを受けたわけではないが、互いにバツが悪かったのは確かである。

　偶然、風呂場の更衣室で女性の全裸を見てしまった男性と見られた女性。そんな気まずい空気が私と猪木の間に漂っていた。

　だが、顔を合わせてしまった以上、取材しないわけにはいかず、私は2、3質問してから「丸亀旅館」を出た。こうしたケーフェイを守るのもプロレス記者の使命だから、私としては辻ツマが合うように記事をまとめるしかなかったが、蔵前国技館のリング上で失神した猪木の表情を見たとき、疑惑の目を向けざるを得なかったのだ。

　それからしばらく経ってから、私はもうひとつの〝舌出し失神事件〟を思い出し推理してみることにした。

昭和35年（1960年）に日本プロレスのリングで発生したミスター珍の失神事件がそれ。私は専門誌で知っただけだが、同年、猪木と共に入門した馬場と対戦した珍は、馬場のキックをモロに受け、倒れた際に後頭部をマットに強く打ちつけて失神。慌てた力道山やセコンドが珍の口の中にペンチを突っ込んで舌を引き出し、死に至るという最悪事態を回避している。

当時、新弟子だった猪木もその場に居合わせた。それから23年もの歳月が流れているものの、猪木はこのホンモノのアクシデントをヒントに自らの〝舌出し事件〟を自作・自演したのではないか？　そんな予感がしたのだ。ただ、猪木失神が独り芝居だと断言できる証拠はどこにもない。証言者でも現れない限り、推理、憶測の域を出ないのだ。

## ●プロレスを語らなくなったI編集長

話はすっかり脱線してしまったが、猪木プロレスに勝負論あり！　と思い込んで新日本を賞賛し続けてきたI編集長も、21世紀になって総合格闘技が大ブレークすると風向きが大きく変わってきた。もちろん、98年に猪木が現役を退いたことも少なからず影響していると思うが、ある時期から「PRIDE」や「K−1」のトリコになり、私が依頼した連載には格闘技のことしか書かなくなったのである。

たまにプロレスに触れることはあっても、昨今のプロレスのダメさ加減を書くばかりで持ち上げた内容はいっさいなし。それどころか、あまりにもストレートにプロレスの内幕を暴く表現を使うため、私は本人の承諾を得たうえで、その部分を書き換えたことが何度もあった。

もし、I編集長がまだ『ファイト』編集長を務めていたなら、一気に暴露色が強まって新日本、ノアなど主要団体から総スカンを食らっていたに違いない。それほど露骨な表現が多かった。

I編集長が、ミスター高橋氏の『流血の魔術―』に対して「高橋にオレの人生を否定する権利があるのか」「そんなことはみな知っとる！」とある書のなかで話したことがあるが、私はI編集長が実際にそう言っていたのを聞いたことはないし、そもそもレスラーの私的なスキャンダルや他人の批判は嫌う人だった。

I編集長の志向性が変わったのは高橋氏の本とはまったく無関係で、やはり猪木の引退によりプロレスに失われた「殺し」を求めて漂流していたのだと私は理解している。

古くから『ファイト』を読んでくださっている読者からは、

「オタクのI編集長、一体どうなさったんですかねェ。昔はあれだけ猪木と新日本を擁護していたのに最近は……」

という声が挙がっていたが、編集長時代から「誰が何と言おうともオレは自分の信じたことしか書かないし、しゃべらない」と豪語していたI編集長にブレーキをかけることはできなかった。

プロレス症候群ならまだいい。何があってもファンを辞められないだけだから。しかし、猪木信者と言われるファンだけは裏切られたと知ったが最後、もう手がつけられない。ほかの宗教にクラ替えしてしまうのだ。純粋さの反動とも言えるだろう。その意味で、晩年のI編集長の記事には負の影響力があったと思う。02年ごろからI編集長が他界した06年にかけて大勢の新日ファンが「PRIDE」などに流れていったという調査結果が出ている以上、それは否定できないだろう。

また、ターザン山本氏からは何度も、

「『PRIDE』こそ21世紀の新プロレスなんだよ。『ファイト』も早く切り替えないとダメだよ」

と言われたが、私にはそんな気は毛頭なかった。

会社に十分な体力が残っていれば、彼の助言に耳を傾けていたかもしれない。しかし、新大阪新聞社は04年あたりから『ファイト』休刊を検討するほど体力が落ち込んでいたのだ。だから、私としては総合中心の専門紙に変えるという冒険はできなかったのである。

外野席の観客は何とでも言えるだろう。じゃあ、紙面をガラリと変えて実売数がさらに落ち込んだら、一体、誰が責任を取るのか？　それが私の言い分である。専門ライターがそろっていた『SRS・DX』や『ゴング格闘技』でさえ、それぞれ03年と07年に休刊に追い込まれたぐらいだから、プロレス専門紙の『ファイト』が総合格闘技に乗り替えて好結果を出せるはずがなかったのだ。

時代の流れにも一切ぶれず、自分の主張を貫いたI編集長の原稿は、実際の編集長として利益を上げなければならなかった私にとって、不要なものだったと思われる方もいるかもしれない。

しかし、私はI編集長に原稿を依頼し続けた。それは何も温情や義務感ではない。たったひとりで日本の活字プロレスの土台を作り上げたI編集長の、いうなれば原稿から流れ出す殺気と緊張感。私はそれに意味があると思った。そこだけは、新聞が売れる、売れないで判断することを避けた。

## ●部下を怒らなかった人

私が見たI編集長は、常に仕事をしている、天才でもあり変人でもあった。机の片隅にはカルシウムのビン。タバコはセブンスターで、胸の奥までこれでもかというくらい吸い込む。

40代後半の頃、仕事のしすぎだろうか、心臓発作を起こしかけたことがあった。経費が出ないため、自費で買った編集部の簡易ベッドに横になっているI編集長を見て、さすがの社長も心配したことがある。

まだ若いころから、平気で上司に向かって「取材費を増やせ」と主張し、渋る社長に対し、ついには「まったく、ラーメンチェーンでも展開すればいいんですよ！」とまで言い切ったこともある。

ただ、部下に対してはまったくといっていいほど怒らなかった。私も、甘やかされて育った部下のひとりだった。

だから、私自身が編集長になるとき、「これでは部下を叱ることができないな」と不安に思ったものだ。そんな私に、I編集長はこんなことを言った。

「取材費だけは、(会社に言って) 多めに取っとかなキミが苦労するよ」

いつも自腹で取材費を部下に渡していたI編集長の忠告だった。

私にとってI編集長とは何だったのか。

それをひとことで言い表すことは躊躇される、私にとって唯一の人である。

# 第三章「たかが格闘技、されど格闘技」

## ●「新日本コケたら」本当に皆がコケた

新日本コケたら皆コケる——

90年代、新日本プロレスが活況を呈していたころにプロレスマスコミの間でささやかれた言葉である。それぐらい同団体は日本のプロレスマーケットのシェアを占めるとともに、マット界の話題を独占していた。

仮に新日本がコケた場合、I編集長時代から新日本中心の編集を続けてきた『週刊ファイト』が1番ヤバイ。つまり共倒れになる危険性がある。私は漠然とした不安を抱きつつも、「まァそんなことはあり得ないだろう」と気にせず新日ネタでの紙面づくりを続けていた。

ところが、03年ごろからそれが現実味を帯びてきたのだ。

それでも『ファイト』編集長だった私は新日本の復興に期待するしかなかった。その理由は次の四つだ。

①アンケート調査その他で7、8割の『ファイト』読者が熱烈な新日ファンであることがハッキリしている。

②「腐っても鯛」ではないが、年3回のドーム興行をはじめとする大規模な興行戦略は業界随一。

③スキャンダラスなリング外の話題も豊富。

④人気上昇中の「PRIDE」「K―1」など格闘技は勝ち負けのみに注目が集まるため、『ファイト』

の持ち味である「活字プロレス」になり得ない。

④に関しては『ファイト』の部数が急激に落ち始めたころから会社の会議でも「このままジリ貧になるぐらいなら格闘技をどんどん採り入れるべき」との意見が挙がった。そこで04年あたりから「PRIDE」などにページを割くようにしたのだが、小川直也が重い腰を上げて「PRIDEヘビー級GP」に出場しても、部数的にはほとんど上がらなかった。

「モチはモチ屋」といわれるように、プロレス専門紙の記者が総合格闘技の記事を書いて、コアな格闘技ファンをうならせることは無理。知識が豊富でないうえ、情報網も確立できていない。それらのハンディに加え、「K-1」や「PRIDE」が大ブレークした後も格闘技専門誌の部数が伸び悩んでいることを知っていた私は、路線変更に乗り気ではなかった。

しかしその結果、容赦なく『ファイト』の部数は落ち続け、編集長としての私の発言力は弱まっていった。

「PRIDE」などの人気が急上昇したからといって、安易に格闘技のページを増やせば、『ファイト』がもがき苦しんでいるところを露呈するだけ。ヘタをしたらまったく格闘技ファンを取り込めず、逆にプロレスの巻き返しを願っている読者を逃がすという悪循環になりかねない。

だから、本当はドンと構えていたかったのだが、いまとなってはどっちに転んでいても……という気がする。

## ●ピーク時から激減したプロレス誌の売り上げ

　それにしても、改めて終わりから10年の『ファイト』販売成績を振り返ると、新日本の観客動員減とあまりにも比例していることに驚かされる。違うのは『ファイト』休刊が新日本の身売りよりも10カ月ほど遅かっただけである。

　このように書くと、やはり新日本への強いこだわりが最悪事態を招いたと考える人もいるだろうが、多団体時代を迎えてからバラエティーに富んだ編集方針を打ち出した『週刊プロレス』『週刊ゴング』の落ち込み方は『ファイト』を上回っていた。

『ファイト』は90年代後半のピーク時を100とすれば、休刊前の1、2年間は35〜40％減。それに対し他誌は確実に60％を超えていた。

　もちろん、『ファイト』の姿勢が他誌より正しかったなどと言いたいのではない。現実問題としての打撃、つまり赤字幅だ。新聞と雑誌では印刷代、用紙代、運送費などに雲泥の違いがあるため、「ベースボール・マガジン社」（『週刊プロレス』）や「日本スポーツ出版社」（『週刊ゴング』）の受けたダメージはより大きかっただろう。

　ちなみに『ファイト』の発行元であった新大阪新聞社は休刊後も存続しているが、日本スポーツ出版社は04年8月にＩＴ会社に乗っ取りをかけられ経営者が変わってしまった。

　繰り返しになるが、安定期から休刊までわずか3年。要するにプロレス界全体が態勢を立て直す間もなく、いっせいに轟沈してしまった。

いまなお、ちょっと信じられないような失速劇だ。

## ●「PRIDE」の襲来と総合格闘技ブーム

正直言って、マスコミも団体もタカをくくっていた。

ターザン山本氏に言わせると「(96年3月に)『週プロ』が新日本プロレスから取材拒否を受けたとき、オレはこうなる(プロレス界全体が沈没する)と思っていた」となるが、それこそ結果論というヤツである。

その後、新日本の盛況は蝶野を主軸にしたNWOブームの到来などで5年以上にわたって続いているからだ。

ターザン山本氏は、プロレスにジャーナリズムが存在しなかったこと、他のメディアがこの取材拒否を黙殺したことについて、それを業界の自殺行為と断定している。私は、山本氏のいうことは一理あると思う。しかし、それが具体的にどれほどプロレス衰退に結び付いたのか、明瞭に示すことは難しい。

少なくとも、プロレスの地盤沈下についてハッキリ言えるのは、本書の冒頭でも述べたように、90年代終盤から巻き起こった格闘技ブームがそれまでのプロレスファンを取り込み、また、それまで隠されていたプロレスという競技の弱点を目に見える形で示したことだ。

新日本にとって1番まずかったことは、継続すればブレークしそうなPRIDEに対する警戒を怠ったことだろう。

「PRIDE 1」が東京ドームで開催されたのは97年10月11日。

私も東京ドームに足を運んだが、迫力と緊張感ではプロレスを完全に凌駕していた。

ただ、会場は空席が目立っていた。2万人は入っていなかったと思う。この時点で新日本と全日本、というより猪木と馬場がガッチリ手を組み総合対策を練っていたら、また違った展開になっていたかも知れない。後に坂口征二氏もそれをしきりに悔やんでいた。

かつてプロレス人気ほど根強いものはなかった。ゴールデンタイムで放映されていた60年代、70年代、80年代にもテレビ視聴率や興行成績が落ち込んだ時期はあったが、その度に新しいスターの出現ですぐに上向きだした。

古いファンなら記憶に残っていると思うが、プロレスマスコミがしきりに「冬の時代」という言葉を使った時期は2回や3回ではきかない。事実、新日本、全日本の観客動員数は一時かなり落ち込んでいた。だが、そんな時期でも団体側は人気回復を信じて疑わなかったし、専門誌の成績は右肩下がりでなくほぼ横バイだった。

業界に事件や異変が生じると、必要以上に騒ぎ立てるのがメディアであって、「冬の時代」と書いたのは、よりセンセーショナルな記事に仕立てるレトリックにすぎなかった。

また新日本には回復力が備わっていた。21世紀を迎えるまでに、新日本の観客動員数が最も落ち込んだのは、初代タイガーマスク（佐山聡）退団（83年8月）に続く長州一派の大量離脱があった84年から85年にかけて。

だが、全日本からのブロディ引き抜き、前田日明ら第1次UWF勢の参戦、さらに長州復帰という思い切った策で、「冬の時代」から抜け出している。ゴールデンタイムで放映されていたこの時代にはプロレスそのものにまだ体力が十分残されていた時代だったと言える。

## ●石井和義・谷川貞治両氏のプロレスマーケット「侵略戦略」

無警戒のプロレス界を横目に、「PRIDE」「K－1」はともにターゲットを初めからプロレスファンに定めていた。

格闘技ライター時代の谷川貞治氏が「プロボクシングやキックボクシングの興行人気を3000人とするなら、プロレスは1万人」と言ったように、双方のファン人口は長年に渡ってかなりの開きがあった。

そんなプロレス界を羨望の眼差しで眺めていたのが石井和義元正道会館館長である。新日本の東京ドーム大会からドーム興行の戦略を学ぶだけでなく、「打倒プロレスラー」が、「K－1」浮上に有効な作戦であることに確信を深めていた。

最初に接近を図ったのは前田日明率いるリングスだが、リングスはプロレス団体ではない。また、当時の「K－1」には、WOWOWのレギュラー放映もついて経営が安定していたリングスを飲み込むだけの体力はなく、本格的な交流に突入する以前にリングスとの間でオランダ系格闘家争奪戦が勃発、交流は途切れてしまった。

結局、90年代に「K−1」が担ぎ出したプロレスラーは田村潔司、小川直也、安生洋二、松永光弘、長井満也、柳澤龍志の6人だけ。田村と小川は純然たるプロレスラーではないし、それぞれ快勝しただけに、このときプロレスが受けたダメージは何もなかった。

それよりなんとしても痛かったのは、「PRIDE」マットにおける高田の惨敗だ。「最強」と「プロレス」を背負った高田は、総合格闘技に進出。だが97年、98年に2年連続でヒクソンに惨敗。ここから「プロレス最強説」が崩壊し始めたことは誰も否定できないだろう。

私はヒクソンvs高田の初戦を東京ドームのリングサイドで見たとき、何か怖いものを見てしまった、という気がした。

プロレスラーにはない殺気、ヘビのようにからみつくグレイシー柔術。戦前には、正直、高田にも勝機アリと考えていた私だったが、「これは絶対にやられる」――試合の途中から、そう確信した。

高田とは第1次UWF時代から10年以上にわたってトレーニングを積んだ宮戸優光氏らの話を総合すると、高田のキックや寝技の技術はかなり高度で、当時、リングスのエース前田とガチンコ勝負をやっても十分勝てるとみられていたという。

また、ファンから見てもUWFインター時代の高田の強さには説得力があった。バービック、北尾らを一撃で倒した高田は、事実上、プロレス界最強選手と認定されていたフシがある。

その高田がリングでヒクソンと対ジした途端、金縛り状態になり、赤子の手をひねるようにやられることを一体誰が予想しただろうか。勝てないまでも、ある程度の攻撃場面を想定していたはずだ。

プロレスファンにとって、特にこの最初の敗北は相当ショックだったようで、『ファイト』編集部に電話で試合結果を問い合わせてきたファンは、高田が簡単に敗れてしまったことが分かると一様に絶句していた。

普通、これほどの実力差を露呈してしまうと高田にリベンジのチャンスは与えられない。興行、マッチメークのセオリーに反するからだ。しかし、KRS（DSEの前身）はちょうど1年後の同じ日、両者のリマッチをラインナップした。

KRS側の思惑は、勝敗よりプロレスファンの動員、取り込みだった。この戦略は見事に的中。その後、桜庭がグレイシーに勝利を重ねたことで、人気が沸騰。大会を重ねるごとに興行およびPPVの成績を伸ばしていく。

桜庭は純然たるプロレスラーではなく、むしろ「純格闘家」と言ったほうがしっくりくる選手。しかし、あくまで桜庭に「プロレス」を背負わせたことが、結果的には興行の大ヒットを呼び込んだのだから、ここでもプロレスはうまく「利用」されたことになる。

ただ、この時点ではまだ、プロレスに吹く逆風はほとんど感じないほど軽いものだった。

## ●プロレスの「興行ノウハウ」をいいとこ取り

「PRIDE」や「K−1」の首脳陣は、プロレス団体経営者が想像する以上に「プロレス攻略法」を考えていたし、それに自信を深めていた。

口にこそ出さなかったものの、彼らが暗にアピールしたのは、「総合」こそがリアルの時代に合った、プロレスにとって代わる格闘技というもの。ところが、その他のプロレス的手法は積極的に取り込んでいたから抜け目ない。

首にチェーンを巻きつけて狂暴性を売り物にしたランペイジ・ジャクソン、テリー・ファンクばりのカウボーイスタイルで入場するヒース・ヒーリングらはすべて昔、プロレスファンだった「PRIDE」の陰のプロデューサーたちによってコーディネートされたものだ。

さらに、記者会見での乱闘騒ぎ、インタビューでの怪気炎、挑発などもすべてプロレス式ノウハウである。

もちろん、最大の目標は、名前のあるチャンピオンクラスのプロレスラーを総合マットに担ぎ出しマットに這わせることだ。これは特に、グラウンドの攻防もある総合格闘技の「PRIDE」が狙ったところだった。

この戦略で来られるとプロレス側はたまらない。それでも総合格闘技の台頭によるダメージを最小限に食い止める方法はあった。日本マットの盟主といわれた新日本が一切、「PRIDE」「K−1」と交わらないことである。いま思えば、ここは一つの重要な分かれ道だったのだ。

高田がヒクソンに2連敗を喫した時点でも、新日本はまだ盛況を保っていたし、プロレス側が負った傷は浅かった。まして高田は84年4月の第1次UWF入団以来、格闘技プロレスを続けてきたファイターだから、ファンは高田の総合進出に異和感、抵抗をあまり感じていなかった。

当時、アントニオ猪木は「よりによって1番弱いやつが出ちゃったからね」と、暗に新日本の「強いプロレスラー」なら、ヒクソンに勝てたと話した。そしてプロレスファンもその言葉に救われた部分があった。ここで止めておけば、まだプロレスを守れたかもしれないのだ。

ところがその後、純然たるプロレスラー、特にストロングスタイルをウタった新日本の選手たちが総合マッチに挑んだのが問題だった。

惨敗を喫したこともさることながら、真剣勝負で闘ったらこういう試合内容になりますよということを満天下に知らせたことが大きい。つまり、強い弱いの話だけではなく、プロレスにおけるムーブそのものの意味が問われてしまうことになったのだ。

かつて、ロープワークやドロップキック以外の飛び道具を排除し、打撃、スープレックス、サブミッションの三つを主体にした第2次UWFが社会現象を起こした88年、新日本の興行成績は相当落ち込んだ。新日ファンが第2次UWFに流れたためだ。

その原因がハッキリしているのに、新日本は「PRIDE」「K―1」の戦略にまんまとひっかかってしまった。新日本を代表する中邑、永田、中西らが総合ファイトで惨敗。これをなぜ高い見地から「絶対阻止」する人間がいなかったのか。

そもそも、プロレス側の戦績が五分かそれ以上でも、新日本にとってあまりメリットのない闘いだった。

安田が「K―1」屈指の強豪、ジェロム・レ・バンナから大金星を挙げ、ケンドー・カシンも敵地でハイアン・グレイシーにリベンジを果たした。さらに、04年5月にはFEG主催の総合イベント「ROMANEX」での新日本vsK－1 5対5で中邑がイグナショフに雪辱を果たすなど新日本側の全勝に終わったが、新日本の興行人気は高まるどころか、逆に加速をつけて下がっていった。ビジネス的に見ても「PRIDE」や「K－1」との交戦は初めから負け戦だったのだ。

このときノアは、一切格闘技と交わらず、純プロレスの牙城を突き進んだ結果、プロレス不況の被害を最小限に抑えることに成功した。しかし、「プロレスラーは弱い」という概念が定着してしまったことで、ノアとて大きなダメージを受けたと私は考えている。

## ●猪木の「プロレス愛」はなお健在

プロレスマスコミの立場である私から見て、新日本の中で空前の格闘技ブームに最も慌てふためきプロレス危機を感じ取っていたのはアントニオ猪木だ。

あるとき、東京ドームの自らの控室でかつての腹心・新間寿氏に「プロレスはもうダメだ」と心情を吐露したという。

〈早く何とかしなければならない〉

新日本のオーナーとして強権発動を発してまで傘下選手を「PRIDE」や「K－1」のリングに上げたのはそうした焦りからだろう。

ブームに便乗してガチンコプロレスかそれに近いスタイルに方向転換を図る困難さは、99年1・4

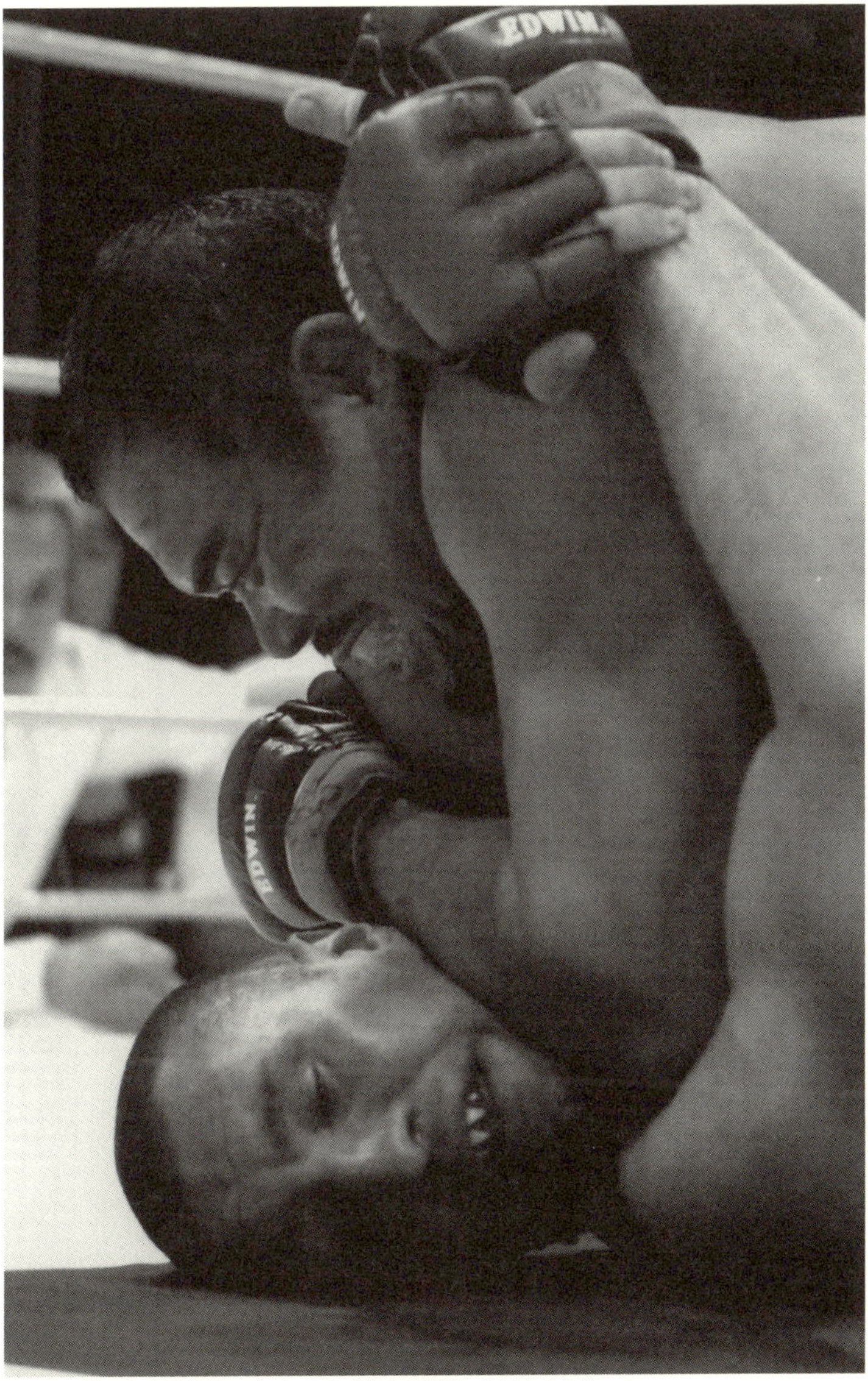

バンナに勝った安田だが、プロレスの「強さの証明」とはならなかった

東京ドームの小川vs橋本の〝実験マッチ〟で猪木も分かっている。そうなるとプロレスラーが格闘家を倒すことで「PRIDE」「K－1」潰しをやるしかない。猪木はそのように考えたようだ。

アンチ猪木派の新日本の社員は、

「プロレスを守るためなんてとんでもない。あれは猪木さんがウチの選手を犠牲にしてまで金もうけに走ったんですよ。大晦日イベントに自分の名前を貸したり、PRIDEのエグゼクティブ・プロデューサーに就任して、だいぶ稼いだでしょう。だから、みんな『猪木がプロレスをダメにした』って批判するのです」

と猪木をA級戦犯扱いする。

だが、永島勝司氏ら猪木の元側近たちに聞くと、猪木ほどプロレスを愛し、プロレスビジネスに執着する人間は存在せず、64歳でプロレス団体（IGF）を旗揚げしたのがその証だという。もうプロレスはダメ、新日本は潰れると口ではさんざん言っておきながら、その実、1番プロレスビジネスから離れられないのが猪木なのだ。

## ●プロレスラーの実力を見誤った猪木

常識的に考えて、プロレスが衰退すれば猪木にもデメリットしかないし、他人の興行に参加してもマッチメークなどの主導権を握れない〝タダの飾り〟であるわけだから、満足感や充実感は得られない。まして、人一倍プライドの高い猪木から見れば、「PRIDE」や「K－1」の首脳陣も格下、いや小僧ぐらいに思っていたに違いない。そんな連中からああしてください、こうして下さいという指示を受けるのは、猪木にとって屈辱以外の何物でもないのだ。

したがって、金もうけのために「PRIDE」や「K－1」に加担したというのは間違った見方であり、猪木という人間の本質を知らない人たちの見解でもある。私はこれについて自信を持って言える。

ただ、猪木が相手の戦術にハマって総合格闘技界と交じわってしまったこともさることながら、相手の実力をみくびったことは批判されても仕方がない。

まだ新日本と「PRIDE」&「K－1」との戦いが始まっていないころ、猪木は私にこんなことを言っている。

「K－1（の選手）なんてさ、蹴り足をつかまえて倒しちゃえば簡単なんだから。ウチの選手たちはそういう（相手の関節を極める）練習もやってるしね」

本気でそのように考えていたのかもしれないし、猪木一流のハッタリだったかもしれない。しかし、少なくとも対K－1ファイターについては、グラウンドに持ち込めば勝機を見いだせるとみていたようだ。

確かに立ち技系の選手が総合格闘家と総合ルールで対戦するのは明らかに不利だ。03年大晦日「イノキボンバイエ」でセーム・シュルトがジョシュ・バーネットにグラウンドに引きずり込まれた後、アッサリと軍門に下っているし、07年大晦日の「やれんのか!!」ではチェ・ホンマンの放った左マウントパンチを下からとらえて逆十字を決めたヒョードルが快勝している。快進撃を続けていたころのミルコ・クロコップは別格として、「K－1」のトップクラスでも総合ルールではなかなか勝てないことが実証されたわけだ。

ヒョードル、バーネットともに卓越した技術を習得している総合ファイター。特にヒョードルのあらゆる体勢から関節技に持ち込む技術は神業的。現在のコンディションを維持する限り、少なくとも現役プロレスラーでは誰も倒せないとみられている。

彼らと比べて、アームロックなどの関節技を身につけていても、普段の試合や練習でそれらに磨きをかけていない新日本の選手たちの実力では、総合格闘家としてはグリーンボーイレベル。ほとんど勝ち目はない。

89年7月に参議院選挙に当選して以来、ほとんど新日道場での練習を見ていなかった猪木は選手の力量をまったく把握できておらず、その意味での永田裕志らの敗北の責任は猪木にかかってくるだろう。「結果論」では済まされない話である。

## ●新日本最高のレスラー「永田裕志」が負った傷の大きさ

その勝ち方にもよるが、「PRIDE」や「K－1」ファイター相手に白星を挙げてもあまり評価されず、負けたらファンからボロクソに言われるのがレスラー側。前者に当てはまるのは、それぞれギロチンチョークでバンナ、イグナショフを破った安田、中邑であり、後者はミルコ、ヒョードルに惨敗を喫した永田だ。

永田は闘った相手が強すぎたこともあって負け方があまりに悪かった。それこそメーンイベンターと前座の実力差。永田の攻撃場面はまったくなかったのだから話にならない。プロレスファンのみならず、格闘技ファンもお粗末な内容に失望したことだろう。

ミルコvs永田、ヒョードルvs永田を見た人たちは、総合ルールがどうの……といって永田を擁護することはまずしない。「永田って弱いなァ」……そのひと言で片付けられてしまうのだ。

01年大晦日の「猪木祭り」でミルコと初対戦したときはまだよかった。新日本の戦力が整っており、永田もまだ発展途上だったからだ。

しかし、03年大晦日のヒョードル戦のときは、武藤敬司、小島聡、長州力、佐々木健介ら主力が抜け、永田はトップにランクアップされていた。もう総合マットでの惨敗は許されない状況のはずなのに、永田は暮れのシリーズに出場した後、ロクに練習する期間も与えられず、ヒョードル戦に臨んでいる。このヒョードル戦だけは永田のプロレスキャリアに余分だったし、その後の新日本の社運を決めてしまったといっても過言ではないだろう。

3年ほど前から「ミスターIWGP」とも称される永田だが、いまなおミルコ戦、ヒョードル戦での失態をファンは忘れていない。04年に新日本社長に就任した草間政一氏が「永田選手には中邑や棚橋の踏み台になってもらう」（05年2月）と発言したのも、「リアリティーのあるアオり」と感じられたし、同年10月、新日本の両国国技館大会に突如乱入した長州が永田に言い放った「天下を取り損ねた男」はアドリブではなく本音だと言われた。

そんな永田がIWGPヘビー級の防衛記録を更新したり何度も同王座に返り咲いているのだから新

日本の興行人気は回復するはずがない。

ドーム興行が年1回になって2年目の07年。2月、8月（2回）、10月、11月の計5回の両国国技館大会は本来、新日本にとってテレビ放映権料と合わせ大きな収入源にならなければいけないところだが、「G1クライマックス」優勝戦の8・12以外はすべてコケている。

08年1・4東京ドームは、前年大会比1000人減の2万7000人（主催者発表）で、ドームプロレス興行史上ワースト1位となった。

1・4大会を取材した記者の中から「もっと早い時期から中邑、棚橋を徹底的に売り出すべきだった」との声も挙がったが、メーンの中邑vs棚橋はIWGPベルトの移動劇があった割には内容、見ごたえともに今イチで、ファンを1番沸かせた好勝負は皮肉にも永田vsカート・アングルだった。

このときが6度目の一騎打ちだった中邑vs棚橋に対し、永田vsアングルは初対戦。当然、中邑vs棚橋は内容で永田vsアングルを上回らなければならないのに、試合の組み立てのマズさもあって、〝踏み台〟永田の試合に食われる格好となった。

永田は07年4月、大阪府立での棚橋とのIWGP戦でも辛口の浪速っ子をうならせる試合を提供している。プロレスセンスでは中邑、棚橋は永田の足元にも及ばない。だからこそ、ヒョードル戦への出陣はいまだに悔やまれるのだ。

## ●失われたプロレスにおける「関節技」の意味

私の知り合いの息子さんで、格闘技にはまったく関心をもっていないガチガチのプロレスファンがいる。年齢は24歳ながら、プロレス観戦歴12年。父親によると、彼は一時、総合格闘技を意識したようなファイトを繰り広げていた一部のレスラーに嫌気が差していたという。

私が「具体的にどんなシーン？」と聞くと、

「マウントパンチとかね。でも、素手でガンガン殴っているのに、顔にアザひとつできていない。別に殴られた選手の顔が腫れ上がるのを期待してるわけじゃない。その程度のマウントパンチならやらないほうがいい、ってことですよ」

私もまったく同じ意見で、こういうのは流行を採り入れることにはならない。喜ぶ観客もいるが、シラけるファンも少なくないだろう。要するにファン側ではなくレスラー側と団体側が総合格闘技に過敏になりすぎたのだ。

総合ではウイニングショットとして多用されている腕ひしぎ逆十字が、プロレスでは痛め技になっていることも、プロレスの説得力を落としている。たまに中邑の飛び付き逆十字で勝負が決まってはいるが、相手がこの技のディフェンスに長けているわけでもないのに極まらないケースのほうが多い。本当に極めにかかっていないことは、子どもでも分かってしまう。

それなら、プロレスにはショートアームシザース（キーロック）という腕殺し用の立派な技もあるのだから、この技を使いなさいというのが私の提言である。

カール・ゴッチやボブ・バックランドのように掛けられている側が相手を持ち上げるのもよし、マット上をローリングしながら相手の腕を絞り上げるのもよし。その方がよっぽど試合が引き締まり会場を沸かせられるはずだが……。

最初に腕ひしぎ逆十字を多用したのは猪木だ。国際プロ軍団との抗争でラッシャー木村らにこの技を掛けているシーンを覚えておられるファンの方も多いことだろう。だが、総合マッチの露出が増えた現在、レスラーは腕ひしぎ逆十字を封印し、完全に総合との差別化を図ることが肝要だ。

08年1・4東京ドーム大会の中邑vs棚橋は平均点程度の内容に終わり、ガッカリしたファンもいると思うが、フィニッシュ技が飛び付き逆十字ではなく、プロレス技らしい豪快なランドスライドだったことは、ファンにとってひとつの救いだった。

## ●格闘技大連立――「盛者必衰」の理

もっとも、10年足らずの間にプロレス・マーケット侵略に成功した「PRIDE」「K－1」もわが世の春をオウ歌した期間は短かった。

周知の通り、まず『イノキボンバイエ』(03年12・31)主催者への恐喝事件、それに関連する闇社会とのつながりを『週刊現代』に告発された「PRIDE」が、スポンサー離れを懸念したフジテレビから放映打ち切りを通告されて失速。米格闘技団体UFCへの身売りも暗礁に乗り上げて昨年10月に完全消滅……2年ほど前まで大人気を博した団体とは思えないぐらい最後はあっけなかった。

03年「イノキボンバイエ」はヤクザの名も出る大スキャンダルに

目の上のタンコブ、「PRIDE」が崩壊して1番喜んだのは「K－1」だが、格闘技マーケットを独占する格好になったにもかかわらず、「K－1」人気は上昇するどころかやや後退した。

興行成績に関しては、どれぐらい落ち込んだのか正確な数字はつかみ切れない。だが、「K－1」本線ともいえる「WORLD GP」の優勝戦が、07年から会場を変更。5万人規模の東京ドームからキャパシティー1万7000人の横浜アリーナに移行されたことでもそれは明らかだ。

また、テレビ視聴率至上主義といわれる「K－1」にとって、07年大晦日「Dynamite!!」の平均視聴率14・7％という数字は、前年と比べ4・8％も下がるというショッキングなもの。「K－1」側に支払われる放映権料を含む総制作費は合わせて10億円超。それだけのリスクを背負いながら、打倒「紅白歌合戦」どころか日本テレビのバラエティ番組と大差ない視聴率では、TBSにとってまったく不満な成績である。

もちろん、TBSにしろ「K－1」にしろ危機感をもっていなかったわけではない。1選手にすぎない魔裟斗が記者会見で「格闘技人気もちょっと下火になってきて……」とコメントしたほどだから、メディアはもっと敏感にカゲリを感じ取っていたはずだ。

いま思えば、格闘技人気のピークは02年から03年にかけてだった。02年8月に国立競技場で開催された「Dynamite!」や、03年大晦日に民放3局が格闘技を放送したのはブームの象徴である。しかし、現在のジリ貧傾向がこのまま続けば、プロレスのようにゴールデンタイム撤退や大晦日大会打ち切りも、そう遠くない日に起こりうるだろう。私は08年がその正念場になるとみているのだが……。

## ●「K-1」石井和義元館長の下獄

07年の「Dynamite!!」のラインナップを見ても分かるとおり、世界各国にブッキングルートを持つ「K-1」も完全にスター不足である。メーンに起用されたのは、ブラジル人選手に黒星を積み重ねた桜庭和志と、全国区レベルの知名度がないうえ、7年間のブランクがある船木誠勝。視聴率効果を考えれば大晦日の主役にふさわしくないカードだ。まして、「K-1」初期に活躍したニコラス・ペタスなど要らなかったと思う。

年間最大イベントである大晦日の「Dynamite!!」は「K-1 GP」「MAX」「HERO'S」の3本柱から選び抜かれた人気選手や、他の格闘技界からヘッドハンティングされた超大物がひとつのリングに集結する、いわばオールスター戦。そこにオールドタイマーやプロになりきっていないHIROYAらルーキーを投入するぐらいだから、スター不足によるステータス低下は否めない。

かつて最高の布陣で最高の内容を提供した「K-1」。90年代の「K-1 GP」の成長期、石井和義元館長は試合翌日にレフェリーらを招集して反省会を開き、消極的なファイトをなくす方法を考え抜いたし、総合に進出してからは大物プロレスラーを担ぎ出すために小川直也に8000万円、長州力に5000万円提示するなどカネに糸目をつけなかった。

その石井氏は脱税容疑で起訴され、現在静岡刑務所に服役中だが、私の知る限り、決して金もうけに走るのではなく格闘技にロマンを持ち、ビッグイベントの成功に快感を覚えるタイプである。それにかける執念たるや凄まじいのひと言。これだけは誰も真似できないと思うし、「K-1」の本当の逆襲が始まるのは彼が出所してからとみている。

## ●「視聴率」がすべてなのか

ボーダーラインとみられる平均視聴率18％を大きく下回ったことでテレビ危機に直面した大晦日イベントにもうひとつ苦言を呈したい。

昨年の「Dynamite!!」は前座からメーンまでKO、TKO、一本勝ちが続いて内容的には申し分なかった。ところが、大半の試合が順当勝ちに終わって勝敗予想の点で面白みを欠いた。番狂わせが2試合くらいあってもいいじゃないか！　それが私の率直な感想である。

毎週、マット界の仰天情報を提供させて頂いているインターネット上の「ミルホンネット」の依頼で、「Dynamite!!」の勝敗予想を行なったところ、9試合中8試合が的中（06年は全試合が的中）。つまり明らかに優劣の判断がつくカードがズラリ並べられていたからだ。

いくらボブ・サップがコケ脅しの格闘家に成り下がったとはいえ、タレントが本業のボビー・オロゴンに負けるはずがないし、そのことは同じタレントのベルナール・アッカを迎え撃った武蔵にも言えた。

もっと自信を持てたのは、桜庭の勝利だ。いくら2年前から総合の練習を続けていたとはいえ、船木にとって7年間のブランクは致命傷に近い。

07年11月、反則行為により日本ボクシングコミッションから1年間のボクサーライセンス停止処分が下された亀田大毅について、複数のボクサーが「元の調子に戻すのは大変な作業」と証言していたが、常識的に7年のブランクを克服するのは不可能なのだ。そうなると、ファンとすれば夢のカードにも「どっちが勝つか」という興味が半減してしまう。

格闘技評論家でもない私がこのような御託を並べると「K－1」関係者から「プロレスと違うんだから！」とのお叱りの言葉を頂戴しそうだが、シロウトでも勝敗予想のつくカードをそろえたことも視聴率低下につながったのではないか？　私はそう考えている。

# 第四章　去りし者たちの「修羅」

## ●経営に無知すぎた社長レスラー

02年を境に新日本プロレスがその力を失ったのは人気選手の相次ぐ離脱が直接の有力原因ではあるが、ではその背景にあったものは何か。このことを考えていくと、あるひとつの結論に行き着く。

それは、「ITバブル」の崩壊だ。

この時期、日本の新興株式上場は、巨額の利ざやを稼ぎ、一獲千金を狙う連中がうごめく鉄火場となっていたが、その連中にしゃぶり尽くされたのが、企業として丸腰の状態だった新日本プロレスと全日本プロレスだったのだ。

この02年以降の数年間において、プロレス業界はITバブルの波に翻弄され、その恩恵を一切受けることなく企業としての体力を大きく削っていった。

そのことがレスラーの待遇悪化、離脱という悪循環を招き、新日本の身売りにつながったことは真実である。

経営を知らないレスラー社長の悲劇……具体的に言えば、新日本と全日本をめぐる2つの株式上場計画とその頓挫について書いてみたいと思う。それが、業界にとってどれほど「効いたパンチ」であったか分かるはずだ。

## ●武藤の離脱劇で始まった悲劇の序曲

「何が新日本プロレスの興行に1番マイナスになったかと言ったら、武藤ちゃんと小島の退団ですよ。あれは本当にこたえましたね。あの2人には言葉では表現できないぐらいの華やかさがあって、それが集客に結びついていましたから。残った永田、中西らはどちらかといえば、暗いイメージ。蝶野だって、それほど華のある選手じゃないし」

新日本に求心力がなくなった原因をそのように分析したのは、上井一三彦元取締役だ。

02年1月に武藤敬司、小島聡、ケンドー・カシン（石沢常光）、そして同年5月に長州が退団した後、新日本のヘビー級担当のマッチメーカーに就任し、カード編成に苦慮した人間の言葉だけに、なるほどとうなずけるものがある。

実際、当時の新日本のグッズ売り上げランキングで武藤はダントツの1位。小島、カシンもベスト3の常連で、本当に客の呼べるレスラーの上から3人が抜けたことになる。

アントニオ猪木が政界進出によって第一線から退いた89年あたりから「複数スター制度」を敷いた新日本は、当時まだ発展途上だった武藤、橋本真也、蝶野正洋をメーンイベントやタイトルマッチにどんどん抜テキ。

速度の違いこそあれ、3人は海外武者修行の成果を披露しながら2、3年でスターダムにのし上がった。90年代のドーム興行や『G1クライマックス』が大ヒットを飛ばしたのは武藤らの急成長の賜物といえるだろう。

武藤、橋本、蝶野は、いわば新日本のクリーンナップ。この中から3番打者（橋本）と4番打者（武藤）が抜けたのだから、それまでの興行成績を維持できるはずがなかった。

## ●プロレス史上初の「完全犯罪」移籍

上井氏のみならず、私にとっても、武藤の退団は30年に及ぶプロレス記者生活の中で最も意表を突かれた主力レスラーの離脱劇だった。

事実上のエースが、その地位と5000万円近い年俸を捨てたこともさることながら、レスラー2人とフロント5人を引き連れて全日本に集団移籍するというのに、彼らの動きを察知した者が1人もいなかったのには驚かされた。

坂口会長（当時）だけは前年12月に武藤本人から退団を示唆する言葉を聞いていたものの、頭からいつものジョークと決めつけていたという。武藤はのちに、この移籍計画では、行動を共にするメンバーと「血判状」まで作成し、結束と守秘を誓い合ったと話している。

超多団体時代になってからも、相変わらず狭いプロレス界。情報管理がまったくできていないため、大きな計画ほど水面下の動きがマスコミにも漏れてくるのがこれまでのお約束だった。

84年9月に起きた長州軍団の大量離脱、さらに三沢光晴と仲田龍氏が中心となって画策した新団体（ノア）旗揚げ計画に関しても、確証こそつかんでいなかったが、あるルートから信ぴょう性のある情報を入手していたため『週刊ファイト』は思い切って書き飛ばすことができた。それを考えると武藤

名実ともに日本最高のレスラーだった武藤

一派の取った行動は完全犯罪と言えるほど見事なチームプレーであった。

特に武藤の場合、会社に対し大きな不満を持っていたり、新日マットに居場所がなくなったために退団したのではない。

「一獲千金」という野望を抱いて新日本から独立したのだ。全日本プロレスの株式上場で大金持ちになろうとした。それが動機だ。

「猪木が格闘技路線を敷こうとする新日マットでは理想のプロレスを追求できない」は、あくまで表向きの理由。〝表向き〟という言葉に語弊があるなら、それを3番目か4番目の理由に変えてもよい。とにかく、武藤らの本音は金もうけだったと断言できる。

このように離脱の理由をズバリ指摘すると、武藤に限らずレスラーが嫌がるのはイヤと言うほど分かっている。しかし、プロスポーツ選手は試合で体のどこかに致命傷を負えば、そこでお払い箱。会社側は現役引退後の生活まで保障してくれない。

ましてや、レスラーはプロ野球選手ほど稼げず、トップクラスの選手でも将来に不安を感じている。かつて長州がジャパンプロレスに、天龍がＳＷＳに転出したのも目の前に大金を積まれたからと言い切れる。ＳＷＳから勧誘された武藤が新日本にとどまったのも、新日本がより大きな金を用意したからである。

## ●「日経」が報道した新日本プロレスの上場計画

武藤退団にさかのぼること約1年前の01年4月、日本経済新聞が「新日本プロレス上場計画」を報じている。翌年秋の株式公開を目指し、準備に入ったという内容で、この年（01年）6月の新日本の株主総会でも上場の方向性は全会一致で確認されている。

新日本が株式上場するということは、新日本株を持っている人間が、一気に成金化することを意味する。

猪木はもちろん、坂口、藤波、長州、山本小鉄といった古参レスラーは、当時少なからぬ株を持っていたし、倍賞氏、永島氏といった有力フロント勢も、新日本の未公開株を保有していた。

もし上場すれば、佐川清（佐川急便会長、02年3月死去）名義の株46％と個人で14％の株を持っていた猪木には少なくとも10億円以上。幹部レスラー、社員には数千万円から1億円近い「ボーナス」となるはずだったわけだ。

折からの新規上場ブームで、誰もが舞い上がっていた。01年といえば、大晦日に永田がミルコ・クロコップに秒殺された年。リングの上に迫る危機とは裏腹に、新日本上層部は「とらぬタヌキの皮算用」で浮かれていたわけだ。

オーナーの猪木は上場計画に積極的で、そもそもこの計画自体、猪木の発案であったという。ところが、いざ計画が具体化する段階になって、今度は煮え切らない態度を見せ始める。

株式上場にはガラス張りの経営と、闇勢力との関係がないかどうかの審査が条件。それを知った猪木は、今後、新日本のカネを自らの事業に流用できなくなることに不安を覚え、いきなり態度を変節させ、佐川の株を新日本に戻すことを拒んだのだ。

佐川急便の佐川清会長は、新日本および猪木の最大のタニマチだった。しかし、「佐川急便事件」以降、グレーなイメージが定着。佐川会長が株を保有したままでは上場審査に抵触することは確実で、新日本は資金を用意しその株を猪木経由で買い取ろうとしていたのだ。しかし、猪木が「ヒヨった」ことで株式の移動がまったくできなくなった。

困ったのは内外に「上場」をブチ上げた藤波辰爾社長以下、臨時ボーナスをあてにしていた選手、フロントたちだ。だが、そもそも上場の何たるかを知っていたのは経理担当の青木謙治氏のみ。心変わりする猪木の首に鈴をつけられる人間もおらず、計画は暗礁に乗り上げてしまう。

ある証券会社首脳は言う。

「あのとき仮に猪木さんがずっと協力的だったとしても、新日本プロレス単体でのナスダック上場はムリでしたね。なぜなら、上場に一番重要な〝成長性〟がすでに当時の新日本プロレスにはなかったからです。小さなＩＴ企業がなぜ上場できて、なぜそれに高値がつくかといえば、未知なるＩＴの可能性という幻想が当時まだあったからです。その点、いくら年商ベースで30億円あった新日本でも、今後グングンと成長していく要素はないわけですから、投資家は見向きもしなかったでしょう」

こうして消えゆくと思われた新日本プロレスの上場計画だったが、これが思わぬ部分に飛び火していく。

## ●チラつく「ソフトバンク」の影

02年1月、新日本の契約更改前に突如発覚した武藤の全日本移籍。この離脱劇が衝撃だった理由の一つには、そこに新日本の金庫番・青木謙治氏が追随するという点にあった。

前述したように、青木氏は新日本の上場計画の実務を担当した人物。新日本のカネの流れを知り尽くした人物だけに、ライバル団体へ移籍するとなれば、企業として最高機密が流出することを意味する。

青木氏は、新日本の上場が現実的には難しいと01年の時点で分かっていたが、そこへ同時期に舞い込んだのが、全日本プロレスの上場話だった。

当時、新日本は全日本とリング上で交流していたが、全日本の馬場元子社長がプロレス界から足を洗うことを望んでいると知った青木氏らは、株式の買い取りと武藤の移籍＝新代表就任を計画。その株式買い取りの資金源は馳浩や武藤と付き合いがあり、自らプロレスファンでもあったＩＴベンチャー「スピードグループ」の白石伸生社長（当時）であった。

新日本の金庫番だった青木謙治氏

ベンチャー業界の風雲児であった白石氏は、01年分の納税額で京橋税務署管轄2位（1億5604万円）という当時30歳の若き富豪。学生時代から画廊や宝飾品販売会社を設立していた白石氏は、99年に光通信やソフトバンクの出資を受け「スピードグループ」を設立。ITバブルの波に乗り、次々とグループ会社を増やしていったが、当時から「業務の実態が見えない」という懸念は投資家たちの間で指摘されていた。

新興の会社ながら、最終的に100億円近い出資金をソフトバンク、光通信から集めていた「スピードグループ」は、武藤のかねてからの夢であったプロレス学校設立に関して「親会社のソフトバンクがバックアップするから」と確約し、武藤の心を動かしたとされる。しかし、すでに01年の時点で「スピードグループ」のビジネスモデルには危険な兆候が表れていたのだが、青木氏をはじめ、武藤ら移籍組は誰1人として不信を抱かなかった。

ここから、武藤全日本を悲劇の連鎖が襲うのである。

## ●武藤が手にした「8万株」

武藤は、全日本の発行済み株式8万株のうち、6万株を、少なくとも03年までに取得している。ちなみに残りの2万株は、前社長の馬場元子氏が8000株、日本テレビが1万2000株である。

取得金額は明らかではないが、この6万株が上場することによって数十億円に——これが武藤らの思惑であったが、コトはそう運ばなかった。

頼みのスピードグループは、02年に入ると高速インターネットサービスの「スピードネット」の大失敗が表面化。親会社のソフトバンクはこれで少なくとも数十億円の穴をあけ、全日本はのっけからハシゴを外されてしまうのだ。

前出の証券会社首脳はこうも語る。

「仮に、ソフトバンクがおかしくならなくても、全日本プロレスの上場など無理です。先の話と同じで団体に成長性もないですし、第一、全日本の財務をキチンと見れば、論外の話だと思いますね」

いずれにしても武藤一派の思惑ははずれ、新生・全日本プロレスは興行収益に頼るしかなくなった。だが、武藤&小島の集客力で健闘したのは最初の半年間だけ。全日本の興行成績は次第にジリ貧になり、経営危機は業界に広く知られるようになる。

上場できなかった新日本と全日本。それぞれ事情は違うものの、共通しているのは、レスラーたちが、まったく「企業が上場すること」の意味を理解していなかったということだ。社長である藤波、武藤をはじめ、彼らレスラーは生き馬の目を抜く新興市場の住人たちの恐ろしさ、モチベーションをまったく理解していなかった。なんの企業防衛もないまま、彼らの言いなりになったあげく、利用価値がないと分かるや捨てられた。これが真相である。

その後も何とかしのいできた全日本の資金繰りが致命的に悪化したのは、03年10月の日本武道館大会。川田とドン・フライの3冠戦がメーンだったこの大会で、多額の経費が全日本の経営を直撃、破産の危機に直面したのだ。

## ●新オーナーに名乗りを上げたAV監督

何とかスポンサーを探すしかない。ここで青木氏と武藤の前に現れたのは、アダルトビデオ制作会社代表のX氏であった。

「2億円でオーナーになりたい」

03年11月、プロレス、格闘技好きで知られるX氏はこう話し、独立系の為替証拠金取引会社社長のP氏を武藤に紹介。P氏は傘下の会社からまず増資金3000万円、さらに月々2000万円の運転資金を全日本に入れる代わり、新株24万株を受け取る約束がなされ、武藤も了承した。

ところがX氏とP氏は04年1月に早くも仲間割れ。残されたP氏からは、数回資金が送金されたものの、すぐにストップしてしまう（なおX氏は鬼畜レイプものAVを制作・販売していたことで知られ、07年、強姦致傷容疑で懲役18年の判決を受けている）。P氏らには、手に入れた全日本の新株を投資家に売りさばこうとした思惑もあったようだが、上場する可能性のない全日本株を買う投資家はいなかったはずだ。

このときすでに、経費負担等をめぐって武藤とP氏らの間に信頼関係はなく、逆にP氏が融資したカネをめぐり険悪な関係に陥っていた。青木氏はこの事態を打開すべく、知り合いのS弁護士に解決を求める。だが後に、全日本はこのS弁護士と訴訟をすることになる。

全日本は改めてスポンサー探しを開始。しかし、04年に打診した相手は、逮捕歴のある会社社長や、後に新聞紙面にその名が踊った金融ブローカーなど、ウサン臭い連中ばかり。どうしてここまでアヤしい人々ばかりなのかと首をかしげたくなるが、カネを貸してくれる人であれば四の五の言っておられる状況ではなかったのだろう。

　そうこうしているうち、全日本は、P氏から株式を返還する代わりに「いままで貸したカネ」である6500万円の返還を執拗に迫られるようになった。ここでS弁護士は、自ら4500万円を個人で立て替え、この問題を解決したのである。

　04年末。全日本は、格闘技界の大物タニマチとして知られ、さる巨乳女優との関係が噂されたQ氏から、4000万円の資金を借りることに成功。このうち1500万円はS弁護士に返還されたが、残りの3000万円はS弁護士が立て替えたままであった。

## ●レスラーの妻が武藤夫人に苦情

　依然として綱渡り状態が続く全日本は、05年に入るとますます混迷を深めた。武藤が突然のリストラを宣告したことで、社内が混乱。

　4月、S弁護士は未払いになっていた社員の給与用に200万円を用意するなどして沈静化に努めたが、今度はレスラーの妻たちが、武藤夫人に「給与が支払われない」と文句を言い始めたため、武藤夫人が経営に参画。もはやこの時期の全日本の内部はゴチャゴチャで、なおリングに上がり続けていた武藤のストレスたるや、想像を絶するものがある。

　また、この時期すでに、青木氏は経営を知らな過ぎる武藤に愛想を尽かしていた。カネを出してもらっているS氏と反目するなど、武藤の経営者として整合性を欠いたふるまいに失望したのだ。

05年5月、税理士が株価調査報告書を作成した際、その査定表に記された金額、つまり全日本の資産価値は「数字1コ」、つまりゼロであった。債務超過は少なくとも2億円。これで倒産しなかったのはまさにミラクルと言っていい。

この時期、武藤は関係が悪化していたS弁護士を相手取り、新しい弁護士を立てて株券を返還するよう提訴。しかし、これは逆にS弁護士から「立て替えた金を返せ」と反訴され、06年に出た判決は「株を返す代わりに全日本は3000万円をS弁護士に支払え」というもの。つまり武藤の逆転負けである。

一時、2億円もの借金を背負っていた全日本がどのような手段でこの大ピンチをしのいだか詳しくは分からない。2年前にフロント入りした内田雅之氏が新たなスポンサーを獲得したことで借金が激減したともいわれるがそれでもイバラの道であることには変わりないだろう。06年7月には嵐が大麻で逮捕され、そのイメージダウンでせっかく付きかけたスポンサーも再び撤退。トコトンついてないとしか言いようがない。

武藤はよく、「オレは（FMWの）荒井さんにはなりたくない」と口にしていた。言うまでもなく、荒井さんとは倒産したFMWの元社長で02年5月に自殺した荒井昌一氏のこと。これがまったくのブラックジョークでなかったことは、この泥沼裁判の過程を見ればよく分かる。

## ●信じられない武藤の「意地」と「気力」

ただ逆に言えば、いつ潰れてもおかしくなかった全日本を守り続けたここまでの武藤自らのリング上での頑張りも見逃せない。

全日本の興行人気はパッとしなくても、レスラー武藤敬司の商品価値はまだまだ高い。07年の新日本vs全日本対抗戦に続いて08年もグレート・ムタとして新日本の1・4東京ドームに出場した。新日本以外では「ハッスル」のリングにも上がっている。オファーは海外からも舞い込み、武藤は06年から07年にかけて出稼ぎ目的でメキシコ、プエルトリコ、アメリカに遠征した。

さらにスケジュールが空いている限り、イベントやテレビへの出演を心掛けている。1年365日のうち、340日ぐらい何らかの仕事をしており、武藤は働きまくって会社を支えているのだ。

ハッキリ言って、10年近くも前から痛みを訴え続けている武藤の両ヒザは悪化する一方。試合に臨めるのが不思議なくらい限界に差し掛かっている。できることなら、シリーズオフぐらいノンビリと過ごしたいだろう。でも、楽をしたら最後、そこで団体生命が終わってしまうかもしれないという危機感から体を休ませられないのだ。

武藤の頭に「引退」の2文字はない。少なくともあと5、6年は現役を続けるつもりだろう。気づかれているファンも多いと思うが、武藤は07年、食事と酒の量を減らしてダイエットを敢行。出かかっていた腹を引っこませ、見事、上半身のシェープアップに成功している。

この武藤の団体存続への執念はどこから来るのか。カッコ悪さを嫌う武藤のポリシーか、それとも古巣・新日本に対する意地か。「億万長者を夢見て挫折した男」のレッテルは、武藤の人生哲学においてとうてい認められないものであることは確かだ。

「プロレスLOVE」を体現するための試練の道はあまりにも険しいが、私は、ドン底から必死に這い上がろうとする武藤の姿に、声なきエールを送っている。

## ●「ド真ん中」から「地獄のアングル」へ

武藤と同じく、02年に新日本を飛び出した長州は、新団体「WJプロレス」を設立。自らのレスラー人生の集大成をこのリングで表現すると発表した。

だが翌年、WJは無残にも崩壊。

07年暮れ、元WJプロレス役員である長州力と永島勝司氏に対し、それぞれ1億円の借金返済命令が裁判所から下ったという仰天情報がマット界を駆け巡った。提訴していたのは同団体の福田政二元代表取締役で、福田氏の主張はWJプロレスに2億円を出資したのではなく、2人に貸し付けたというものだ。

ちなみに永島氏の著書のなかには、確かに「貸したことにしておいてくれ」と福田氏に要請され、借用書を書いたというくだりがある。2億円は福田氏のみならず、福田氏の友人たちからも集められたものだった。

WJプロレス崩壊後は執筆活動で生計を立てている永島氏はもちろん、新日本で現場監督と選手を

WJを設立した長州（左から3人目が福田社長）

兼任しながら頑張っている長州にとっても、1億円はあまりにも重たい金額だ。それを思うと、羽振りがよく、新日本の選手や社員にとって怖い存在だったころの2人を知っている私もつい切なくなってしまう。

プロレスの歴史を振り返れば、新団体が誕生するたびにマット界事情に精通していない実業家が現われ、最後には団体崩壊によって多額の借金を背負ったまま消えていった。

第1次UWFの社長に祭り上げられた浦田昇氏はその典型だろう。彼もまた、プロレスビジネスにまったく関心を持っていなかった。親しい者から頭を下げられると断わりきれない性格が災いして自らの人生を狂わせてしまったのだ。

札幌でパチンコ店や焼き肉屋を経営していた福田氏も、最初は新日本プロレスのタニマチにすぎなかった。福田氏と新日本との関係がクローズアップされたのは、95年4月に北朝鮮・平壌で開催された「平和の祭典」。新日本が朝鮮総連側の事情で開催資金を調達できなくなったとき、2億円もの大金を貸したほど奇特な人物である（このときの金は、直後の新日本vsUインター対抗戦の大ヒットにより返済された）。

WJプロレス社長に就任後は、自らも営業マンになり、札幌、仙台、大阪などを飛び回りながら知人らにチケットを売っていた福田氏。顔つきはいかついが、営業部員として全日本からWJに移った西達也氏によると、若い社員にカミナリを落としたことは1度もなく、思いやりのある優しい社長だったという。

事実、福田氏は阪神大震災の際、ビッグスターグループ（福田氏の経営する大星実業観光）名で1000万円をポンと寄付したり、地元のパチンコ店を地元老人クラブ連合会に無料開放、あるいは身障者を積極的に招くなど、弱者に対する人情を持ち合わせていることはあまり知られていない。ただ、その人情が、結果的に「アダ」となってWJの崩壊を招いたとすれば皮肉である。

## ●「オレのバックに誰がいるのか、知ってるのかッ！」

長州が新日本に辞表を叩きつけたのは、02年5月だった。辞表を叩きつけたと言えばカッコいいが、実際は興行不振の責任を取らされる形で現場監督の要職から降ろされ、新日本に居場所がなくなったために退団するしかなかったのである。

マッチメーカー降格の指令を出したのはまぎれもなく猪木だが、戦線から長州を外そうとしたのは誰なのか私には分からない。ただひとつ思い当たるのは、98年1月の引退以降も年俸（推定5000万円）ダウンに応じようとしなかった長州が権限を失なったとたん、ほかの役員たちから突き上げを食らったこと。その急先ポウは上井取締役だったという。

もっとも、パージされた長州の矛先は猪木に向けられた。

02年5月31日に東京・等々力の新日本道場で退団会見を開いた長州は表情こそ穏やかだったものの、延々1時間半にわたって猪木を誹謗しまくった。その内容は「あの男は人間として欠陥がある」といった痛烈なもので、それをスポーツ紙の記者から伝え聞いた猪木はさすがに動揺を隠せなかったという。

これは新日本のある幹部から聞いた話だが、長州の猪木に対する恨みは尋常でなく、ものすごい剣幕で「東京の街を歩けなくしてやる！　オレのバックに誰がついているのか（猪木は）知っているのかッ!!」とまくし立てたという。

長州は出戻りの分際ながらもプレーイングマネジャーとなって90年代の新日本の第2期黄金時代を築き上げた最大の功労者。仕掛人、マッチメーカーとしての手腕が卓越しているうえ、指導力にもたけていた。

もし長州が復帰せず、リーダーシップに欠ける藤波辰爾か木村健悟が同じポジションに立っていたなら、新日本はあれほどの活況を呈することはなかったと考えられる。

また89年12月のソ連遠征から始まった本格的な世界戦略においては、自らもイラン遠征に参加するなどして猪木にも協力してきた。だから、前記の暴言を吐くぐらい怒りと憎しみがこみ上げてきた長州の心情も理解できなくはないのだが……。

## ●異常な金遣いと見えていたＷＪの先行き

長州vs天龍源一郎をメーンにラインナップしたＷＪの旗揚げ興行（03年3月1日横浜アリーナ）は、選手、フロントが一丸となって営業活動（チケットの手売り）を行なったものの、５分程度の客入り。だがなんとか収支は黒字になった。当日は天候も悪く、またノアの日本武道館大会とかぶったために客入りが心配されたが、何とか及第点はクリアできた。

この日、この団体にプロレス生命を賭けていた長州はみんなの頑張りによほど感激したようで、全社員が揃っているところで目に涙を浮かべながら労をねぎらったという。

ただ私は、ＷＪの先行きに懸念を感じていた。いくら手が合うからといって、全盛期を過ぎた天龍とブランクのある長州の試合が「６連戦」……果たしてファンはそれを見たいのか。旗揚げ戦、７分あまりであっけなく決着した長州の試合を見る限り、試合勘やスタミナ面でも相当の心配があると思われた。

予感は的中した。その後の後楽園ホール大会や宮城県スポーツセンター大会はまずまずの興行成績だったが、宮城大会で思わぬアクシデントが生じる。

「長州vs天龍６番勝負」（第３戦）で両者とも体調を崩し、天龍が次の大会から欠場したのに続き、長州も戦線から離脱。この影響もあって宮城大会に続く信州&北関東での興行はコケまくり、ここから

長州と天龍をメーンにＷＪは旗揚げ興行を行なった

ＷＪの歯車が大きく狂い始める。

7月になると早くも所属選手のギャラの遅配が始まった。

それにしても2億円もの資金がわずか半年で底をつくものなのか。ファンのみならず団体関係者もそんな疑問を持つかもしれない。だが、ＷＪ経営陣に聞くまでもなく、それを説明するのは困難ではない。

大ざっぱに言えば、移動バス、リング運搬トラック、営業車の購入と事務所設置に５０００万円以上。次に新日本から引き抜いた佐々木健介、越中詩郎、鈴木健想、マサ斎藤および大森隆男、谷津嘉章らの高額ギャラの支払い。そして3番目は横浜アリーナ、札幌きたえーる、神戸ワールド記念ホール、大阪府立第1競技場といった大会場の使用料など興行経費。これぐらいの団体規模で地上波のレギュラー放映が付いていなければ、半年にわたって興行不振が続いた場合、２億円が右から左へと消えてしまっても不思議ではない。

ＷＪは旗揚げ前、屋形船を繰り出して関係者を接待するなど金満ぶりを誇示。事務所も目黒区の一等地に構えたため、「旗揚げもしていないのに大丈夫か」という声が上がっていたのも事実。新日本在籍時に二人三脚で次々にビッグマッチを成功させた長州＆永島氏には、過去の成功体験しか頭になかっただろう。

実はＷＪが旗揚げした03年こそ、プロレス人気が一気に暴落したターニングポイントで、『週刊ファイト』など専門誌の実売数も猛スピードで減っていった年でもあった。それを事前に読みきった業界関係者は極めて少なかったと思う。分かっていたなら、どこも経費削減に取りかかっていたからだ。

## ●インターネット上で「伝説の団体」に認定

メジャー級のプロレス団体を作った者なら1度は経験する経済的な苦痛と屈辱。長州にとってはWJ旗揚げ後からの2年半がドン底であった。

03年4月、私は長州にインタビューをしたことがある。そもそも長州が『ファイト』の単独取材を受けること自体が異例。事務所で印象的だったのは、異様に愛想のいい長州と、苦虫をカミ潰したような福田社長の対照的な表情だった。

ニコニコ顔の長州に「天龍さんがＷＪの役員と言うのは本当ですか？」と聞くと、「アア、そうだよ」とこともなげに言う。私はどこか長州は投げやりになっているような印象を受けた。

またそのとき、長州は、出張に出掛ける福田社長の航空券についてひどく心配している様子だった。

「オイ、航空券。社長の」

その社長に対する過度な気配りがなぜか私は忘れられない。

その後もレスラー志望者だった格闘家のジャイアント落合さんがリキプロ道場2階での練習中に急死するという思わぬアクシデントに直面したことがあったし、ギャラ遅配が続くと、強いキズナで結ばれていたはずの選手たちも次々に離脱した。

ジャパンプロレスでの入門時から面倒を見てきた健介。ＷＪで手塩にかけて育てていた中嶋勝彦までが長州の下から去ったのだから、その精神的ショックと孤独感は計り知れない。

健介からはリキプロ主催の総合格闘技イベント「Ｘ－1」の開催資金として５００万円を2回借り

たものの結局返済をめぐって両者は決裂。雑誌でも報道されてしまった。

ＷＪの運営上の初歩的ミスは、すでに普及しきったインターネット上で、さんざん突っ込まれる事態となり、それが異常なまでに盛り上がる事態に。「インディーのど真ん中」と揶揄され、長州は人生最大の窮地に立たされる。

## ●プロレスラー長州力の「終わり方」

04年、ＷＪは崩壊。当時、リキプロ道場を維持するのにも困難な状況に置かれていた長州に協力を申し出たのは、新日本を退社する直前（04年10月）に長州とヨリを戻していた上井氏と「ＺＥＲＯ－ＯＮＥ」の中村祥之氏。

上井氏はリキプロ主催興行に「ビッグマウス・ラウド」傘下の柴田勝頼、村上和成を送り込んだり、自らも大会実行委員会に名前を連ねる「ＷＲＥＳＴＬＥ－１」に長州をブッキング。一方、中村氏も長州を「ＺＥＲＯ－ＯＮＥ」マットに上げたりＤＳＥ主催の「ハッスル」に斡旋したりした。

両氏とも、何とか長州を助けてやりたい、もう1度レスラーとして脚光を浴びさせたいとの思いからである。

しかし、長州の負けず嫌いの性格を知っている者には痛々しさしか伝わらなかった。恐らく昔から長州を応援してきたファンも同じ心境だったに違いない。

長州は「Ｗ－１トーナメント」1回戦で絶縁状態になっている健介とのカードを組まれ、「ＺＥＲＯ

－ONE」の控室ではかつて憎しみに近い感情を抱かれていた小川直也や大谷晋二郎とも顔を合わさねばならなかった。

あらかじめ中村氏がフォローしていたこともあって小川も大谷も長州に対し〝大人の対応〟を見せたようだが、そのときほど長州が肩身の狭い思いをしたことはなかっただろう。

また、一部で〝学芸会プロレス〟と揶揄される「ハッスル」への参戦は自らのポリシーを放棄したも同然で、長州、DSE双方にとって何のメリットもなかったと言える。長州は、この2年半の間にレスラーとしての〝貯金〟をすべて使い果たしたのだ。

その後、新日本に復帰した長州だが、現在、新日本は長州を切りたがっているウワサもある。あのドームでの引退から10年。長州の花道に絨毯を引く人間は現れるのだろうか。

# 第五章　人間模様

## ●パチンコ店店員となった「元小結」安田忠夫

「みんな、いつまでも（プロレスに）しがみついているねえ。ほとんど（復興する）可能性がないっていうのになァ」

皮肉交じりに私にそう言った格闘技関係者がいる。プロレス界の住人である私に対し厳しい言葉ながら、事実だからしようがないとの思いもあった。

30代、40代のホームレスや生活保護者も出現し始めたいまの日本社会で、中高年の就職先はそうそうない。みつかったとしても、タクシードライバーか工事現場勤務のガードマン。あるいは時給制のスーパーマーケットやコンビニエンスストアの店員だ。

安田忠夫が07年暮れにアントニオ猪木のタニマチである○氏の斡旋で群馬や新潟に10数店舗を持つ大手パチンコ店「玉三郎」に就職したが、昔と違って人手不足と言われるパチンコ店でも中高年は雇わない。そうなると、精神的に楽というよりも、それまで培ってきたノウハウを生かすべくプロレス界に残るのがベストの選択肢となってくるのだ。

ここ数年、新日本を退社した選手、営業マン、フロントの数は30人をくだらないが、その大半が、何らかの形でプロレスビジネスに携わっているのが実情。しかし、当然ながら羽振りのよさはない。業界の「元・主人公」たちのその後の人生は私の心をしばしば寒くさせる。

かつて新日本プロレスでわが世の春をオウ歌したレスラー、フロント、友人たちについて書く。それは、何よりも雄弁にこの業界の衰退を物語るからだ。明日はわが身、と思いつつも——。

## ●プロレスマスコミの「大リストラ」

〈オレって、プロレスマスコミ界の浦島太郎になってしまったのか⁉　いや、そんなはずはない……〉

突然、そんな思いに駆られたのは07年の11月のことだった。

その半年前からフリーライターとして活動するようになった私は、マット界の情報収集を行なうために東京に出向いた。

会うのは新日本プロレスの元幹部や、かつての記者仲間。あらかじめアポを取っている関係者もいたし、いきなりこちらから電話してもすぐに会える者もいた。

そこであるライターと喫茶店で話し込んでいるとき、その日の新日本・後楽園ホール大会に一緒に行くことを勧められた。私はあまり乗り気でなかったが、彼は「たまにしか東京に来ないのだから観ていけばいいじゃないか」と熱心に誘ってきたのだ。

06年9月の『週刊ファイト』休刊後、新日本の試合は大阪府立大会や「サムライTV」で何度も観ている。それもあって、その夜のスケジュールが空いていたにもかかわらず会場へ足を運ぶことに躊躇してしまったのだが、しばらく会っていない古株の記者やカメラマンが懐かしくなり出向くことにした。

ところが、同ホールの記者席に近づくと、まったく顔も名前も知らない若い記者たちがズラリと並んでいるではないか。次にリングサイドに目を向けると『ファイト』休刊後に『週刊プロレス』のフリーカメラマンになった入江寛人以外は知らない連中ばかり。「これじゃ後楽園ホールに来たカイがない」と思った。

3誌あったプロレス週刊誌のうち2誌が消滅したのだから当然といえばそれまで。だが、わずか1年あまりの間にプロレス界全体が激変したのも事実である。

それは唯一、生き残った『週刊プロレス』も同じだ。

私は1980年5月にターザン山本氏が『ファイト』を発行する新大阪新聞社からベースボール・マガジン社に移った頃から、同社の発行する『週刊プロレス』編集部と個人的に交流を図るようになり、東京に行くたびに誰かを呼び出してコーヒーを飲みながら情報交換するのが習慣になっていた。

それは96年7月に山本氏が同社を退社してからも変わらず、『ビッグレスラー』(86年に休刊)在籍時から親交のあった『週刊プロレス』3代目編集長の浜部良典氏や、『ファイト』のI編集長にあこがれてこの世界に入ったという4代目編集長の佐藤正行氏とも〝友好関係〟にあった。しかし、いまは両氏ともプロレスの取材現場から離れ、5代目編集長の本多誠氏も異動。また多数のベテランライターも『週プロ』からはじき出されてしまったという。

2誌の休刊と『週プロ』の激しい人事異動……。これらすべてがプロレス界の急激な冷え込みがマスコミにも及んだ証である。

## ●海外通信員「ジミー鈴木」の転職

ファンが良く知っているプロレスジャーナリストで、他にもフェードアウトしかけている者がいる。

『週刊ゴング』や『東スポ』、『ファイト』の海外通信員として20年以上にわたって活躍してきたジミー鈴木だ。

彼は私よりも10年ほど後輩だが、『ファイト』に続く『週刊ゴング』の休刊、さらに『東スポ』からも次第に取材要請がこなくなって、海外リポーター廃業の危機に直面しているのだ。

『週プロ』や『週刊ゴング』の元記者たち同様、ジミーも子どものころから熱狂的なプロレスファンだった。

高校卒業後に故・ジャンボ鶴田さん公認のファンクラブ『ジャンボ友の会』を結成。同ファンクラブ会長として全日本プロレスの会場に出入りしているうちに『月刊ゴング』で海外マット・コーナーを担当していたウォーリー山口氏と知り合い、それがキッカケで海外リポーターの道を歩み始める。

20年ほど前に、日本で結婚したメキシコ人女性とともにテキサス州ダラスに移住したジミーは、数年後に米国永住権も取得。長年にわたる米マット取材で築き上げた人脈と押しの強い取材姿勢を買われ日本の専門誌から重用されるようになっていった。

05年ごろまではジミーは高収入をキープ。現地の高級住宅街に家を建て、車も中古ながらベンツ、BMW、ジャガーなど高級車を次々に乗り替え、かなり優雅な生活を送っていた。米国でも十分、アッパーミドルと言える生活レベルである。

しかし、そんなジミーも急激な日本マット情勢の変化によって、それまでの生活レベルを維持できなくなり、07年10月には後ろ髪を引かれる思いで、米国の航空会社でフライト予約の仕事に就いている。

## ●「飲む・打つ・買う」――トンパチ記者の悲哀

私はこれまでいろんなタイプのプロレス記者と出会っているが、彼ぐらい公私にわたって破天荒な男はいなかった。日本のレスラーで言えば、自分の妻子と不倫相手および彼女の子どもを引き会わせ、食事会を開いてひとり大喜びしていたという橋本真也さん（故人）と性格がよく似ている。体型もソックリだ。

トンパチともいえるジミーは、元レスラーのビル・ワット主催のオクラホマ地区の興行で、ヒールのレスラーから頼まれ撮影中に額を割られたことがあるし、エリック兄弟と仲が良かったことでダラス大会の前座を務めたことさえあった。

2回ともノーギャラだったが、プロモーターから大金が支払われたこともある。それはWWF（現WWE）の「レッスルマニア」。ビンス・マクマホンJR代表の要請で、タキシード姿でリングに上がったジミーは、日系レスラーのミスター・フジと一緒に「君が代」を合唱し、それだけで3000ドルも稼いだのである。

とにかく、「カネがすべて」といわれる米国人が驚くぐらいジミーは金もうけに貪欲。スクープ写真が撮れたときには複数のマスコミ相手に駆け引きを行ない、最も高い値段を提示した社に売りつけることも多々あった。

昔、ミズーリ州セントルイスのチェッカードームでジャイアント馬場vsハーリー・レイスのPWFヘビー級戦が行なわれたときには5社から仕事を請け負い、1回の取材で100万円前後の大金を荒稼ぎしたというエピソードの持ち主でもある。

そのジミー、猛烈に働く一方で、遊びの方も半端でなかった。ホビー（趣味）といえる健全なものは一つもなく、「飲む・打つ・買う」が彼の道楽。ある意味、自らの欲求を満たすためにあくせく働いているようなものだった。

ここ数年、カジノでのギャンブルは勝てないことが分かってやめていたものの、飲む・買うに関してはむしろ加速。

以前はダラスから成田空港に到着した後、東京・池袋のネオン街で軽く遊んでからソウルかマカオに飛ぶのがお決まりのコースだったが、最近はもっぱらタイのバンコク。よほど現地の若い女性が気に入ったらしく、05～07年には1年に4～5回、セカンドバッグにバイアグラをしのばせて個人の○×ツアーを楽しんでいた。

私が最後にジミーと会ったのは07年9月。なんでも、蓄えが底を尽きかけていることと、航空会社に就職すれば外国へ出掛ける時間も取れなくなるため、今回はタイだけでなく中国やマレーシアにも足を伸ばしてきたと言っていた。

大阪市内に住む私を訪ねるため、わざわざ関西空港で飛行機を乗り継いでくれたジミーに「オレがまだ頑張っているのだから、オマエもこの仕事を続けろよ。また、いいときも来るだろうから」と助言してやったものの、傷心の彼にとって気休めにしかならなかったようだ。

別れ際、私に言った。

「これればかりはなるようにしかならないですよ。とりあえず、航空会社で頑張ってみます」

この言葉には、彼のある種の覚悟が感じられた。

## ●天才か、老醜か……ターザン山本氏の現在

プロレス記者として、一時代を創り上げたターザン山本こと山本隆司氏の名前を知らないファンはいないだろう。『週刊プロレス』時代、18万部を売ってプロレス界に絶大な影響力を保持していた伝説の編集長だ。

『週刊ファイト』出身である山本氏と私は30年以上の長い付き合い。最も親しいプロレス記者のひとりといっていい。山本氏とベースボール・マガジン社は96年、「夢の架け橋」というイベントを企画し、主要団体のレスラーをドームのリングに一堂に集めたが、このとき山本氏に協力したメディアは、私のところの『ファイト』くらいであったと思う。

山本氏は07年、自伝的ムック『活字プロレス血風録』を出版したが、私に言わせれば、山本氏のキャラクターはあんなものではない。山本氏とはお互い家族よりもよく語り合った仲。私が彼の「自伝」をもし自由に書けば、おそらくベストセラーになる自信がある。

それはともかく、現在の山本氏は、往年の輝きを知る者にとってはいささか物足りない。プロレス業界の情報収集も積極的にはしていないから、この10年の動きはほとんど把握していないと思うし、プロレスに対する情熱もないだろう。全盛期、年収2000万円以上を稼ぎ出し絶頂にあった山本氏が10年後、ほとんどプロレス界に対する影響力をなくすとは、私は予想していなかった。

もちろん、一介のプロレス記者を超えた才能を持っているからこそ、いまでもさまざまな仕事が舞い込んでくるわけで、その才能、知名度は私などとうていい及ぶところではないと思っているが。

## ●「ジャーナリズム」を持った2人のプロレス記者

I編集長こと井上義啓氏とターザン山本氏。私がこの2人に共通して尊敬できる点があったとすれば、それは彼らが「ジャーナリズム」をこのプロレス界で行使しようとしたことだ。私はこの2人以外、そうした記者を知らない。

ジャーナリズムといえば堅苦しいが、簡単に言えば批判精神のこと。団体にとって都合が悪いことでも書く。自分から団体にケンカを売る。こういう誌面づくりをやったのは、星の数ほどいる記者、編集者のなかでもたった2人しかいないのだ。

山本氏は、最終的に団体側とのケンカによって取材拒否を受け、雑誌の部数を落とし、会社を辞めた。しかし、彼が読者に支持される理由はあった。いつもではないにせよ、イザという場面では「本当のこと」を言う姿勢。そして、溢れんばかりの文才だ。

山本氏の書く原稿は冴え渡っていた。85年、佐山聡の『ケーフェイ』のなかで山本氏はこう書く。少々長いが引用しよう。彼はこれだけで全日本プロレスから取材拒否を食らった。

**彼（注・佐山聡）は、ドラムを叩きながら、心のなかではチェロを演奏しているような男である。**

この本で、佐山はシューティングとプロレスの違いを徹底的に論じている。シューティングがプロレスとはジャンルを別にするものであるなら、プロレスと比較する必要はない。

しかし、それをあえて比較している。そこには佐山の特別な気持ちが読みとれる。あるとき、佐山は私に向かって「もう、生き恥をかくのはいやだ」といったことがある。

彼はプロレスラーという肩書に本物の自信を持てなくなっていた。本当の意味のプライドを持つには、プロレスとは違ったものを創造するしかない。佐山は以上のような考えからシューティングを宣言した。

私はマスコミの立場からプロレスについて、いろいろな希望や要求を持っているが、プロレスラーの側からプロレスそのものを改革しようとした人間は佐山ひとりしか知らない。その意味で、私は佐山に注目し、佐山聡についてたくさんの文章を書いてきた。おそらく、私が佐山のことをもっとも多く活字にしたマスコミ人間だろう。それは佐山のなかに現状打破の精神を見てとったからだ。（中略）

我々はこの本によって、レスラーの側から問題意識を投げかけられた幸運を感謝しなければならない。それと同時に、レスラーが主権を主張した史上最初の本として、私は佐山聡という人間に感銘を覚えたのである。

書かれた内容もさることながら、プロレスを思想の領域に高めた名文章である。少なくとも当時、こういったプロレス否定とも受け止められない文章を堂々と書ける記者はいなかった。プロレスラーにたとえるなら、山本氏はセメントの力があった記者だ。だから、少々人格的におかしいところがあったとしても、ファンは山本氏を支持したのだ。

日本を代表する週刊誌『週刊文春』の元名物編集長、花田紀凱氏（現『Will』編集長）がターザン山本氏の才能に感嘆したというのは有名な話。山本氏の主張とメッセージはプロレスという世界にとどまらない普遍性をもっていたわけで、彼がいかに突出した記者であったかは疑いようのない事実だと思っている。

ただ、『週刊プロレス』を追われてからの山本氏は、その才能を十分に発揮できたとは言い難い。やはり、優秀な部下と会社の看板がなければ、才能も半減するのは当然。妻が家出し元部下と結婚、そのことを自虐的に語ったりもした。

また、根っからの破滅型の性格から、競馬の金額が収入を上回るようになり、私生活ではプロレスファンを喜ばせた（？）ものの、取材活動は次第に減ってしまっている。

山本氏は最近、大がかりな出版活動を計画中だという。還暦を過ぎた山本氏のバイタリティーには感服するが、もし、プロレス界がこれほど落ち込んでいなければ、山本氏はもっと、この10年間に読者の記憶に残る作品を残せていたはずだと思うのは私だけだろうか。

## ●トロフィーを投げつけた「永遠の少年」

インターネットでプロレス&格闘技界の裏情報を探っているファンならご存じだと思うが、07年大晦日の「Dynamite!!」における田村潔司vs所英男戦終了後、プレゼンターとしてリングに上がった前田日明が所と健闘をたたえ合っている田村めがけて勝利者トロフィーを投げつけるという〝事件〟が起きている。

私はその光景をスタンド席から見ていたが、トロフィーをトスするという感じではなく「田村、早よう受け取らんかい！」といった調子で叩きつけたようでもあった。

田村がキャッチしたからよかったものの、もしリングに落ちてトロフィーが壊れていたなら、翌朝のスポーツ紙で「場内騒然！」と大きく報じられていたに違いない。前田の解せない行為は、京セラドーム大阪に漂っていたお祭りムードをブチ壊す寸前だった。

報じられたところによると、前田は「格好つけんな！」と田村に言い放ったという。前田が所をことのほか可愛がっているのはよく知られている。試合で余裕を見せすぎた田村に、瞬間的な怒りが沸いたと思われるが、私はそもそも当日の前田の「虫の居所」が相当悪かったとみている。その最大の要因が「旧ＰＲＩＤＥ」勢とのいわゆる〝大連立〟だ。

前田のＰＲＩＤＥ憎しは有名だ。99年、リングスが文字通り社運を賭けて開催した「ＫＯＫトーナメント」。当時、同団体の持つネットワークはＰＲＩＤＥなどを凌駕しており、豪華メンバーをそろえた「ＫＯＫ」は大ヒットを飛ばした。

ところが、そんな矢先、ＰＲＩＤＥに引き抜き攻勢をかけられノゲイラ兄らが次々にリングスを離脱。抜かれた外国人選手の中にはリングスが複数回契約を結んでいる者もおり、その選手についてはＰＲＩＤＥから違約金を取れたが、前田の怒りはおさまるはずがなかった。

## ●前田を脅したKRS関係者

前田とPRIDEのいさかいはそれだけではない。

99年の夏ごろと記憶しているが、前田が私の部下のリングス担当記者に「KRSの関係者と称する男から電話がかかってきて『調子に乗っとったらブッ殺して山に埋めるぞ』と脅されたんだよ。ちょっと身の危険を感じるんで、来週大阪に行くときはボディーガードとして若手を連れて行こうと思うんだ」と漏らしている。

99年といえば、11・14NKホールで開催された「UFC－J」の大会終了後に前田がバックステージで安生に襲撃された年。97年にボッ発したパンクラスとの中傷合戦もまだくすぶっており前田は四面ソ歌だった。

だから前田に脅迫電話をかけてきた人物をKRS関係者と断定することはできないのだが、少なくとも前田本人はそう思い込んでいた。

あれから9年近く経っても、前田はこの二つの恨みを決して忘れていない。これは性格の良し悪しではなく彼の性分だからしようがない。

しかし、それが前田の人生を狂わせる事態を招いてしまったら、その代償はあまりに大きすぎる。

トロフィー投げつけ事件以降、前田には「HERO'Sのスーパーバイザーを解任される」というウワサが絶えない。

実はFEGと元DSE経営陣の折衝が始まった昨年夏ごろから前田の機嫌はずっと悪かった。07年

10月4日、「PRIDE」の事務所が閉鎖され、全社員に解雇通告されると前田は「ざまあみろ！」と発言。谷川貞治氏が旧DSEに謝罪したが、谷川氏はかつての敵に頭を下げてまで「大連立」を実現させたかったのだ。

谷川氏が「大連立」を実現させたかった理由は、07年大晦日の視聴率対策として「やれんのか!!」で開催されるヒョードル、秋山成勲の試合を地上波中継に何とか組み込みたいと考えたからだ。そのためには、旧PRIDEと手を結び、協力を得なければならない。結果的にそれを成功させた谷川氏の手腕は大したものだが、自分勝手な発言を繰り返す前田に対しては、谷川氏もサジを投げかけているのではないだろうか。

## ●『ファイト』との法廷闘争

もともと他人との衝突が絶えない前田だが、私との関係はずっと良好だった。2度ほど前田のニューヨーク遠征に同行したし、89年11月、第2次UWFの東京ドーム大会の翌日には東京・新宿の京王プラザホテルでランチをともにしている。

また、私が94年6月に『週刊ファイト』編集長に就任すると、リングス大阪大会の打ち上げに呼んでくれ、高阪剛、山本宜久、長井満也らに「この人、オレらの味方やからな」と紹介した。そのときの前田の嬉しそうな表情は今でも忘れられない。

だが、私と前田、『ファイト』とリングスの友好関係が続いたのは、前田が〝人類最強の男〟アレキ

我を貫く前田

サンダー・カレリン相手に引退試合を行なった99年2月ころまで。

リングス元社員が『ファイト』紙上のコラムに書いた記事などで前田から直接クレームがついた後、衝撃的なトップ記事に前田がブチ切れてついに破局を迎える。

1面に「リングス崩壊危機」「WOWOW放映打ち切りか!?」。そして2面には前田のロスでの「婦女暴行事件」（性的暴行ではない）を報じた。

前者はかなり信ぴょう性の高い情報を元に書き飛ばし、後者は『フライデー』と『東スポ』でも報道されていたものだったが、リングスは『ファイト』『東スポ』を同時提訴。この法廷闘争は、実際は男女関係にあっただけで入籍していない相手と「結婚していた」とも報じた両紙の敗訴となった。

それから約半年後の02年2月にリングスは活動を休止。それ以来、前田の消息もほとんど聞かなくなった。もう2度と顔を合わせることはないかもしれない。そう思うとちょっぴり寂しい気がした。

## ●「殺すぞ」とテーブルを叩いた

ところが、それから3年後の05年に前田は突然、マット界復帰宣言。FEGが上井氏の「ビッグマウス」と結んで立ち上げた新イベント『HERO'S』のスーパーバイザーに就任したのである。

前田復帰の仕掛人は上井氏。世話好きと言うよりも、これから前田を再生させようとしていた上井氏は、険悪な関係の前田と私、前田とパンクラスの尾崎允実社長を引き合わせ、和解させようとしたのだ。

後にわかったことだが、尾崎社長との和解には首をタテに振らなかった前田も、私との話し合いにはいつでも応じるつもりだったらしい。だから、「HERO'S」スーパーバイザー就任直後に私のほうから会いに行けばよかったのだが決断できず、ようやく腰を上げたのはそれから4ヵ月後の05年7月。

前田と私、そして仲裁役の上井氏の3人で会う予定になっていたのだが、その前日に私が谷川氏、石井元館長と夕食をともにしたことが最悪の結果を招いてしまう。

別れ際、谷川氏が「マッチメークの件でこれから前田さんに会いに行くんですよ」と言ったものだから、謝罪するなら1日でも早いほうが良いと思った私は谷川氏に同行することをお願いし、谷川氏は二つ返事で了承。早速、上井氏に連絡を取り、私が行くことを前田に伝えてもらう。

場所は都内にある大邸宅を改造して造られたような会員制の喫茶店である。先に私たちが到着。10分ほど経ってからスポーツシャツ、短パン姿の前田が現れた。明らかに不機嫌そうだった。

「前田さん、いろいろとすみませんでした」

「井上さんねェ……」

前田の口調が穏やかだったのは最初のそのひと言だけだった。

「こんなマッチメークの席に来て本気で謝る気があるのかッ！」

前田の口から次々と厳しい言葉が走る。

「オレはな、社員や選手を抱えていて、みんなを食わせなきゃいけなかったんだよ」

「東スポはな、記者、カメラマン、運動部長が謝罪して編集局長まで出てきてくれたよ。オマエとこは一体誰が出て謝ってくれるんだよ！」

そのあげく、三つのグラスから一斉に氷が飛び出すほど思い切りテーブルを叩いて、

「ブッ殺すぞ!」

私は生まれてから今日に至るまで、他人から「殺すぞ!」と言われたことは1度もない。きょうび、ヤクザでもカタギの人間に対し「殺すぞ」はない。それに、リングスが活動休止に追い込まれたのは『ファイト』の記事が原因ではない。もし、WOWOWの放映打ち切りの原因が彼の引き起こした傷害事件にあるのなら、〝身から出たサビ〟なのだ。

しかし、リングス及び前田個人にとって、ひどくネガティブな記事を書いてしまった私にはある種の罪悪感があったから、「ブッ殺すぞ!」と言われても、まったく腹が立たなかったし、私への信頼感、好意を持っていたことの反動と思っている。

また、相手が私でなければテーブルを叩くぐらいでは前田の気持ちは収まらなかったのではないか?

事実、翌06年には『紙のプロレス』記者がロシアで前田から胸に正拳突きを食らっている。どうやらカチンと来る内容の記事を書かれたことと、『紙プロ』元編集長がDSEに入り、ロシアの選手をPRIDEにブッキングしていたことが原因のようだ。

いずれにしても、リングス崩壊後の前田の心はすさんでいる。その悔しさ、悲しみを誰かにぶつけないと気が済まないように見受けられる。

07年6月には都内のホテルでIGF総帥・アントニオ猪木とも会談をもっているが、前田が昔の新日本時代の話をほじくり返して猪木を責めたため、前向きな話し合いに進展しなかったといわれてい

る。

猪木の下でいろいろな経験を積みながら、なぜ、猪木のしたたかさ、寛容さをちょっとでも見習えなかったのか？　前田本人は気づいていないだろうが、実はそこもプロレス界の大きな損失につながっているのだ。

# 第六章　誰が新日本を殺すのか

## ●「そして誰もいなくなった」――坂口征二の回想

「とにかく、急だった。気がついたら猪木さんや木村健悟、藤波が新日本からいなくなり、ケロ（田中秀和リングアナ）らベテラン社員も辞めてしまって、（古株は）オレ1人になっていた」

と振り返るのは、現在「坂口道場」を経営する坂口征二氏である。

自身が社長を務めた89年6月からの丸10年間は、ドーム大会や「G1クライマックス」が大ヒット興行となって新日本の業績は右肩上がり。10数億円もの借金を完済しただけでなく、所属選手の年俸が軒並み急騰し、社員にも一流企業並みのボーナスが支払われた。

坂口氏によると、「1番景気のよかった年には年商38億円、関連会社の収入を併せると40億円近くあった」というから、確実に80年代のゴールデンタイム時代を大きく上回る業績を上げ、真の黄金時代を迎えていたことになる（ちなみに坂口氏の言った「1番よい年」は、新日本のドーム史上最高の売り上げを記録した『アントニオ猪木引退試合』が行なわれた98年とみられる）。

ところが、猪木引退後にさまざまな誤算が生じる。その最たるものが「猪木院政」である。

98年4・4東京ドームでの「猪木引退試合興行」を終えた新日本は、すでに妻子とともに米サンタモニカに移住していた猪木のために都内のレストランで盛大な送別会を開いた。この送別会には選手と社員のほぼ全員が出席して猪木の功績をたたえたという。

そのとき新日本の誰もが、とりあえず猪木と会社の関係は切れたと思い込んでいた。もっと露骨に言えば、厄介者を追い出せたとばかりに、してやったり！の心境だったのだ。

これはなにもプロレス界に限らない。会社や組織の権力者が去って下の者が喜ぶのは人間の心理。「やっとオレたちの時代がきた」というわけである。

ましてや新日本にとってセミリタイア後の猪木は〝金食い虫〟以外の何物でもなく、「猪木さんさえいなくなれば会社はもっと良くなる」という考えが社員を支配していた。

事実、前述の10数億円にのぼる新日本の借金の一部は猪木がらみ。一般的には95年4月に北朝鮮・平壌で開催された「平和の祭典」をはじめとする猪木主導の世界戦略で背負った負債とみられているものの、実はそれを大きく上回っていたのが、その時点で残っていた「アントンハイセル」の借金。

80年代初め、このリサイクル事業の資金繰りに苦しんでいた猪木に億単位のカネを貸した、福岡で結婚式場を手広く経営するFさんが強硬な手段で新日本から取り立てたのだった。

これらの借金がなければ、新日本は念願の自社ビルを建てることができていたかもしれないし、選手、社員の収入も、もっと増えていたかもしれない。とりわけ、会社の金の流れを知っている幹部たちはそんな思いが強かったようだ。

それでも米国永住を決意した猪木が新日本からカネを引き出さないようになれば、今の好況が続く限り自分たちの目標は達成できる。株式上場だって決して夢じゃない。会社を守ろうとする坂口社長（当時）らが「さァ、これからだ」という心境になったのがこの98年4月だった。

ところが、猪木が米国で〝隠居生活〟を送ったのは、わずか数カ月。日本に舞い戻った猪木は、05年11月に自らの持ち株を「ユークス」に売却するまで数々のトラブルを引き起こし、新日本の体力を消耗させていく。

歴史に〝たら〟〝れば〟は禁句。だが、仮に猪木が現役引退と同時に新日本から完全撤退していれば、日本のプロレス界そのものがまた違った展開になっていたのは疑う余地がないのだ。

## ●「猪木事務所」と「成田会見」

98年4・4東京ドーム『A・猪木引退試合』の興行収益の中から1億5000万円とも2億円ともいわれる退職金を猪木に支払った新日本だが、それが手切れ金にもなるとは考えていなかった。

仮にも猪木は新日本の創業者であり筆頭株主。このパワーバランス問題を解決せずして絶縁できないことは初めから分かっていたのだ。

だから、現役引退前に東京・六本木にあった新日本直営のプロレスショップ『闘魂ショップ』の2階に猪木事務所を設置し、同事務所のスタッフに日本滞在中の猪木をサポートさせるという配慮も行なった。

猪木事務所の維持費は月300万円（推定）。これは予算内で、活況を保っていた新日本にとって大きな負担にはならなかった。

なにしろ猪木の生活の拠点は日本から遠く離れた米サンタモニカ。猪木個人のビジネスや友人たちとの旧交を温めるために、たまに帰国することはあっても、まさか猪木事務所が新団体の母体になるとは誰も夢にも思っていなかった。

猪木がなぜ米国へ移住したかという点について理由はひとつでない。しかし、私が強調したいのは、

スーパースターの心中は……

猪木の家庭の事情だ。

猪木は、息子を国際人として育てたい、という強い考えがある。前妻の倍賞美津子との間の一人娘・寛子さんの夫は、ご存じサイモン・ケリー猪木氏。世界で通用する国際規格の人間に育ってほしい。そのためには日本より米国——これが猪木なりの「教育方針」なのだ。

また猪木本人も、米国在住をセレブの証と考えているフシが見受けられた。常に慌ただしく動き回ったり、マスコミの注目を集めていないと気が済まないのが猪木の性分。いまではすっかり恒例となった〝成田会見〟も、そのころから始まった。

また猪木は、研究・開発を推し進めているサンゴ保護、高効率発電、サンドオイルなど、いくつかの事業資金を調達するには興行を打つしかないという状況にも置かれていた。つまり、カネが必要だった。どこからそのカネを引っ張るか。猪木が自分のサイフと考えたのは、やはり新日本プロレスだった。

## ●新団体UFOと小川の「坂口暴行事件」

何とか、新日本からカネの流れるパイプを作りたい。猪木はチャンスを狙っていた。

新日本側には、ひとつの「スキ」が生じていた。そのスキとは、前年3月7日にプロレス転向を表明した元柔道世界王者・小川直也の新日本離れ。

97年4・12東京ドームと同年5・2大阪ドームで橋本真也と2連戦（戦績は1勝1敗）を行なった

小川はその後、8・10ナゴヤドームでグレート・ムタと対戦。ムタに敗れたところで、いよいよプロレス修行が始まったのだが、コーチ役の長州と衝突する。これに乗じて、猪木は新団体UFO設立に動くのである。

当時、私がUFO関係者から聞き出した話では、長州の指導方法および小川に与えられた練習メニューは、柔道で頂点を極めた男にとってはかなり屈辱的だったようだ。小川は親しい知人に出した手紙の中で、プロレス引退をほのめかしていたという。

当然、この情報は猪木の耳にも入り、「そういうことならオレの手で育ててみるから、しばらく小川をオレに預けてくれないか」と小川をスカウトした坂口社長に申し出たのである。

小川直也というビッグネームを手中に収めた猪木の行動は素早く、猪木の子飼い、あるいはイエスマンともいえる倍賞鉄夫専務や永島勝司企画宣伝部長と図ってUFO vs 新日本全面戦争を画策。その最初の仕掛けが猪木引退から2ヵ月後の98年6・5日本武道館における小川の恩人・坂口社長への暴行である。

暴行といっても、小川は力任せに押したにすぎないのだが、数日前に永島氏から持ちかけられた、

「最初に小川が突っかかりますから社長は張り手でやり返してください」

とのアングルを坂口社長は断わっていたという。それにもかかわらず、UFOサイドがアングルを敢行したために坂口社長は激高。翌日、UFOに対しガチンコ絶縁宣言を行なったのだった。

## ●猪木の壮絶な「新日本干渉」

坂口社長がアントニオ猪木率いるUFOとの交流に拒絶反応を示した本当の理由は何か。

新日本の本体とのかかわりがなくなると思い込んでいた猪木が再び新日マットの流れに介入してきたことに対する嫌悪感もある。しかし、それ以上にUFOが団体化し、定期的に興行を打つことを懸念していたのだ。

UFOが東京などの大会場で1年に何度かビッグマッチを放つようになれば、両団体の話し合いで興行のバッティングは回避できても、新日ファンがUFOの会場に流れることは阻止できない。

だから、新日本の利益を最優先しなければならない立場に置かれている坂口社長の取った措置は決して間違っていなかった。

もともと、新日本では所属選手が会社から興行権を買い取って自らの出身地でプロモートすることは認められていた。過去、星野勘太郎をはじめ、藤波、長州、武藤敬司（現・全日本）、永源遥（現・ノア）ら多数くの選手が新日本の地方興行を手掛けている。

だが、会社に利益を与えない自主興行などは認められなかった。96年に藤波が大阪や岡山で開催した「無我」も例外ではなく、新日本は自主興行を容認する代わりに興行ギャラを藤波に支払わせたという。

また、橋本の新日本退団の真相は、00年11月13日に発表された長州現場監督の決断による解雇ではなく、橋本が藤波と図って団体内独立（部屋別制度）を試みたのがその発端。

スポーツ紙の報道で2人の計画を知った長州が、
「オレは聞いていない！　そんなもの認められるかッ!!」
と言い出したために、橋本は長州を説得できない藤波からも離れて『ZERO-ONE』設立を決意したのだった。

ただし、永田裕志が貸し出された旗揚げ興行（01年3・2両国）の時点では橋本はまだ新日本とつながっており、『ZERO-ONE』独自の旗揚げ興行は4・18武道館。3・2両国が集客力を持つ三沢光晴らノア勢の出場もあって超満員に膨れ上がったことで橋本が本物の新団体設立に色気を出したのも新日本退団の一因。これらの経緯は、当時の新日幹部から聞きだしたものだから、「死人に口なし」とはいえ、限りなく真相に近いと思っている。

## ●新幹線の中で猪木が小川に出した「指令」

話を新日本とUFOの関係に戻すと、UFOに絶縁状を叩きつけた坂口社長の本気度は凄まじかった。

翌99年1・4東京ドームで橋本vs小川3度目の一騎打ちがマッチメークされるまでの7カ月間、交流はいっさいなかった。それどころか、UFO旗揚げ興行の98年10・24両国、第2弾の同年12・30大阪城ホールへの選手派遣や営業面のサポートを拒否。

小川、佐山聡の2人しか抱えていなかったUFOは選手獲得に苦戦し、この2大会を興行として成功させられなかった。

このことで猪木と坂口社長の確執が深まり、それが橋本に対する小川の暴走ファイトだけではなく、坂口氏から藤波への社長交代劇（99年6月）の一因となったのは疑う余地がない。

佐山によれば、猪木から小川にシュート指令が出たのは新幹線の中。ここからは憶測の域を出ないが、99年1・4東京ドームの直前に3人が一緒に新幹線に乗ったのは、12・30大阪城ホールの翌日しか考えられない。ちょうど同大会が不入りに終わって猪木の気持ちがムシャクシャしているときで、もし新日本の全面協力を得て興行が成功していたなら、小川のファイト内容は〝暗黙のルール〟を守るものになっていたかもしれない。

ただ、97年10月に東京ドームでウブ声を上げた総合格闘技のＰＲＩＤＥが脚光を浴び始めていただけに、闘魂三銃士の試合を中心とした持ちつ持たれつのプロレスに危機感を抱くあまり、猪木が小川を使って〝実験マッチ〟を敢行したという側面はあっただろう。

厳密に言えば、あのときの橋本vs小川は１００％シュートではなかった。なァなァの試合にならないように、まったく打ち合わせなしにリングに上がり、小川がきついストンピングとパンチを2、3発橋本にブチ込んだだけ。

もし小川が本気で橋本を潰しにかかっていたなら、関節技で橋本からタップを奪うこともできたし、橋本は試合後に立ち上がれなかったはず。本物のガチンコはむしろ試合後のＵＦＯ陣営と新日本陣営の乱闘騒ぎ。仮に収拾がつかなかった場合、ケガ人は顔面を踏みつけられた村上和成ひとりにとどまらず、プロレス史上最悪の事態を招いていたかもしれない。

リングサイドに殺気が走った小川vs橋本戦

もっとも、東京ドームに集まったファンの大半は、橋本vs小川の試合内容のみならず、あの緊張感あふれる乱闘騒ぎも、これからボッ発するであろう新日本vsＵＦＯ全面戦争のあおりとみていたようだ。

## ●猪木vs新日本の犠牲者だった橋本真也

99年1・4東京ドームにおける不祥事は、ＵＦＯ設立後の猪木を排他的に扱った新日本にも責任の一端はあるのだが、最終的にトップの一角である橋本の商品価値を暴落させてしまったのは大きな痛手である。

新日本の強さの象徴でもあった橋本が小川に事実上のＴＫＯ負けを喫したら、人気が下がるのは当然である。新日本としても手をこまぬいていたのではない。実は同年10・11東京ドームで、もう1回橋本が小川に敗れ去った後、翌00年4・7東京ドームで橋本が雪辱を果たす手はずを整えていたのだ。

橋本vs小川シングル第5戦のウタイ文句は『橋本真也　負ければ即引退マッチ』。8年3カ月ぶりに新日本の試合をゴールデンタイム生放送することになったテレビ朝日が、この試合を派手にあおったのはまだ記憶に新しい。

橋本が豪快に小川を葬ればビッグカムバックとなる。誰がどう考えても橋本の勝利はカタい。プロレスを何十年見続けている私も100％確信していた。常識的にスター選手の橋本が34歳の若さで引退するはずがないからである。

ところが、大方……いやマスコミ、ファン全員の予想に反して結果は橋本のKO負け。なんと試合当日に猪木の強権発動で勝者と敗者が入れ替わったというのだ。

猪木の真意は何だったのか？　ここからはまた憶測になってしまうが、私は「猪木事務所」のドル箱になりつつあった小川に傷をつけたくなかったためとみている。もっと分かりやすく言えば、すでに高額ギャラで「PRIDE」や「K－1」からオファーがあった小川の商品価値をさらに高めるためである。

猪木が、かつて「予定調和」を独断で崩してみせることによって、プロレスのリアリティーを演出した可能性が高いことは前にも述べた。

旗揚げ戦のゴッチ戦、「舌出し失神事件」のホーガン戦……では、この試合にそういう側面はなかっただろうか。つまり、誰もが橋本の勝利を疑わない局面で、あえてそれを崩してみせる――。

私は、この試合に関してはなかったと思う。プロレスを愛するがゆえに、プロレスを世間に甘く見られないために、あえてショッキングな結末をもってくる――このとき、猪木と新日本の間に、そのような信頼関係はなかった。あったのは怒りと憎悪だけである。

いずれにしても、敗れた橋本が潔く廃業しなかったことで新日本の信用はガタ落ち。1度引退した選手が現役に復帰する以上にファンは新日本に失望したようだ。

また、この「負けたら即引退マッチ」は15・7％という好視聴率を記録。テレビ朝日を喜ばせたが、これは一種の麻薬のようなものだった。「引退せず、結局は復帰か」――それでは、最初からドラマなどなかったじゃないか。そう考えたファンは多かった。その後、「ワールドプロレスリング」でこれ以上の視聴率を記録したことはなく、「最後の15％超え」番組となった。

## ●「コンニャク社長」と傀儡政権

新日本とUFO（猪木事務所）の力関係が一気に逆転したのは、99年6月に藤波が社長に就任してから。すべてではないが、猪木サイドの要求はかなり通るようになった。まさに猪木の思惑通りである。

社長就任会見で自ら「闘う社長」と言いながら満面に笑みを浮かべた藤波。しかし、猪木にしてみれば藤波の功績をたたえる意味で社長のポストを与えたのではない。あくまでも藤波の性格を見抜いたうえで自分の都合にいいようにコントロールできると考えたからだろう。

社長就任早々、UFOとの交流復活宣言を行なった藤波は、その時点から現場やフロントの信頼を失いかけていた。

会議で反対意見が挙がると、そのときだけは「ノーと言える社長」に変わるのだが、猪木が成田会見などで新日本に対する不満をあらわにすると、すぐに猪木になびいたことも何度かあった。「PRIDE 10」（00年8・27西武ドーム）へのケンドー・カシン貸し出しもそのうちのひとつで、そのときは長州が藤波の優柔不断な態度に激怒したと伝えられている。

坂口氏が社長を続投していたなら長州との連携でカシンのPRIDE出場を阻止していただろう。

藤波自身、高給を取りながらリーダーシップもなく、また引退宣言やカウントダウンを繰り返しては撤回するという軸のぶれる姿勢で、選手間、記者たちから「コンニャク」と揶揄された。

新日本が貸し出したカシンはハイアン・グレイシーに惨敗。そのころから徐々に新日本を覆う暗雲が漂い始める。

## ●「藤波社長」の失政と重い責任

新日本に対する猪木の発言力を強めたり、橋本を擁立しての部屋別対抗戦導入に失敗した社長時代の藤波。坂口前社長とは対照的な軟弱ぶりに社内の支持率は下がる一方となったが、1度ドン底を味わっている藤波だけに、事実上のオーナー猪木や揺るぎない地位を築いている長州現場監督との衝突は避けたかったようだ。

96年、藤波が新日本に籍を置いたまま西村修、正田和彦、竹村豪氏らを率いて「無我」を設立した直後、私は大阪・難波にあるサウスタワー・ホテル（現スイス・ホテル）のティーラウンジで藤波にインタビューを行なっている。

そのとき、1番印象に残った言葉が、

「腰痛の治療で2年間、新日本から離れていたら自分の居場所がなくなっていた」

というものだ。それが藤波にとってのドン底で、そこから這い上がるための手段として別動隊を作ったとも私には受け取れた。もっとも、彼はなぜ、自分の居場所がなくなったかについて思い当たるフシがないような顔をしていたが、欠場中もリング外の副業は続行し、会社から給料ももらい続けていたらそれは当然である。

新日本の生え抜きで、WWWF世界ジュニアヘビー級王者としてガイ旋した78年3月から2年間にわたってドラゴン旋風を巻き起こしながらも藤波が脚光を浴びた期間は意外に短かい。

84年9月に長州の離脱によって、名勝負数え歌が終結してからは、IWGPヘビー級王座にも何度か就いているものの、鳴かず飛ばずの時期が長かった。そして、ヘビー級戦士として低迷しているうちに闘魂三銃士の時代が到来して藤波の存在感はどんどん薄れていった。さらに、腰痛による長期欠場が藤波に追い打ちをかける。

「無我」から3年後にようやくつかんだ社長のポジション。猪木との間に波風を立てたくなかった当時の藤波の心境を私はよく理解できる。

言われるままに、猪木の住む米サンタモニカまで出掛けたこともあった。株式上場に関する話し合いがあったにせよ、なぜ新日本の社長が時間と経費を使って米国へ行かなければならないのか？

まして猪木は1ヵ月に2回は日本に帰国しており、東京でも話し合えたはず。もうそのことだけで2人の力関係はハッキリしていた。そして、そんな姿を新日のレスラーたちはよく見ていた。

若手の有望株・藤田和之が猪木事務所に移籍したのも、新日幹部から「経費の無駄遣い」と批判されたロス道場が建設されたのも、藤波の社長在任中だった。新日本プロレスの上場計画を発表しながら、なし崩し的に「なかったこと」になってしまったのも藤波社長時代。

ハッキリ言おう。藤波は社長に座るべきではなかった。

## ●新日社員の「面従腹背」——神が人間となった日

99年ごろから、さまざまな強権発動とゴリ押しで新日本を混乱に陥れ始めた猪木。恒例の成田会見では新日本のマッチメークや幹部らを露骨に批判することもあり、新日本との関係を一層悪化させた。無論、それらの中には良かれと思って言ったこと、正論も含まれていたが、新日本に対して明らかに感情的になっているところも見受けられた。

あれは99年の正月だったと思う。猪木は都内のホテルを訪れたUFO関係者に「オレがここにいることを知っているくせに、誰ひとり（新年の）あいさつに来ない」と怒りをあらわにした。さらに、たまに東京ドームなど新日本の会場を訪れてもボディーガードの役割も果たす付け人をつけないことにも不満を漏らしていた。

猪木にしてみれば「オマエら、オレが引退してしまったら関係ないとでも言うのか？　オレは新日本プロレスのオーナーだぞ！」との思いだったに違いない。

しかし、猪木が〝内政干渉〟すればするほどフロント社員や選手の反発は強まった。とりわけ30代後半の中堅社員に反猪木派が多く、彼らは親しい記者と話しているときも「猪木さん」もしくは「会長」とは言わず、自分のアゴをしゃくる仕草をしながら「これが……」という言い方をしていた。

もうそれだけで猪木が厄介者ぐらいにしか思われていなかったことが十分、分かるだろう。

ジャイアント馬場のことを陰で「大きい人」と言うこともあったジャンボ鶴田には少し茶目っ気を

感じたが、何の功績も残していない新日本の中堅社員たちがそんな呼び方をすると、聞いているほうもいい感じがしなかった。

彼らよりもずっと年長で、新日本の功労者でもある坂口氏や藤波、山本小鉄氏らは私との取材、会話の中で常に「猪木さん」という呼び方をしてきた。猪木に面白くない感情を抱いているときでも決して呼び捨てにしたり見下したような呼び方はしなかった。タモトを分かった佐山聡、前田日明しかり。彼らは猪木と衝突しても、心のどこかに猪木を慕っているところがあり、レスラー・アントニオ猪木をリスペクトする気持ちは変わっていなかったのだ。

ただ猪木は、それまでの長いプロレス人生の中であまりにいろんな事件、騒動が起こり過ぎたために猜疑心の強い人間になり、本来、自分を守ってくれる人たちとも信頼関係を築けなかったのである。

いずれにしても、新日本の興行成績が目に見えて落ち始めたのは武藤、小島、カシンの3選手が退団した02年ごろから。その要因のひとつについて、猪木はマッチメークおよび新日勢のファイトスタイルに問題があると指摘し、新日本側は猪木の「PRIDE」「K-1」への協力やカード編成への口出しと考えていた。

そうなると、互いに責任のなすり合い、両者のミゾは深まる一方である。そんな険悪な空気を感じ取っていた一部のプロレスマスコミは、2度目のクーデターも起こりうるとみていたのだが……。

実際、猪木追放のウワサは何度も流れていた。

「福岡大会が行なわれたとき、新日本の幹部が博多のホテルに集まって猪木を新日本から除外する作戦について話し合ったらしい」

「フロント幹部3人とスター選手1人がある幹部の自宅でマージャンをやっているときに〈いっそのこと別会社を作ってしまおうか〉という話が出たらしい」

いずれも信ぴょう性を感じさせる情報ではあったが、ネガティブなものだけに『週刊ファイト』も書き飛ばせなかったと記憶している。

だが本書の執筆に着手するにあたって、両方の〝密談〟に参加したとみられた元新日本取締役の上井二三彦氏に真相を尋ねてみたところ、「そういう事実はなかったと思います」とキッパリと否定した。当時の幹部がすでに退社してそれぞれの人生を歩んでいる現在、彼が事実を隠ぺイしなければならない理由は見当たらない。

上井氏は私にこうも言った。

「確かにみんな、陰では（猪木への不平不満を）言いました。ですが、坂口さんにしろ長州さんにしろ、誰も面と向かっては言えなかったですね。猪木さんって人は器のデカさ、存在感の大きさが違いますから追放なんてとてもできません。それは歴史が証明しているでしょう？」

クーデターはなかった。しかし、スーパースター・猪木の威光には、確実にカゲリが見え始めていた。そして猪木のオーラは負の輝きとなって、新日本を混迷に陥れる。

## ●「いま、オレの役に立つ人間か」

20代前半でスターダムにのし上がり周囲からチヤホヤされてきた猪木が、他人から受けた恩義や誠意を思いとめない人間であることは確かだ。猪木に限らず、あまりに恵まれすぎたら大方の人間はそうなる。

確かにあれほどの大物にかかわらず外部の人間には腰が低いし、礼を述べることも少なくない。ところが、過去、数え切れないほどのスポンサーや後援者が現れながら、いまなお親交が続いている人はほとんど残っていない。

猪木に尽くしてきた側近しかり。側近といえば、「アントンハイセル」のバク大な借金で猪木が自殺を考えるほど苦しんでいたころに、猪木のマネジャー兼運転手として苦労をともにした坂口泰司氏（「新日本プロモーション」社長）とも沖縄のアントン牧場の利権をめぐって仲違い。この4年間、電話連絡さえ取り合っていない。

今ひとり、猪木にとって唯一の理解者で飲み友達でもある永島氏とも昨年夏ごろから疎遠になっている。ＩＧＦの内情に詳しい人物によると、旗揚げ前に永島氏が「ＩＧＦのマッチメークとアングルはオレがやることになっている」と周囲に漏らしたのが猪木の逆リンに触れたらしい。永島氏本人としても、最初は手伝ってみたものの、報酬は少なく意外に仕事にならないことがすぐに分かり、自ら身を引いたというのが真実だろう。

いずれにしても、いま現在、その人間が自分の役に立つか立たないか、利益をもたらすか、そうでないかが猪木にとっては重要なことであって、過去の関係、貸し借りなどはどうでもいいのだ。

上井氏の粋な計らいで02年暮れに電撃和解を果たした、かつての右腕・新間寿氏にしても名コンビ復活までには至らなかった。

２人が数回会った後、猪木は「（あれから20年近く経って）オレを取り巻く環境もすっかり変わってしまった。そこのところを理解してもらいたい」と内心、復縁を望む新間氏の胸の内を見透かしたように言ったらしいが、もし新間氏がビッグビジネスに絡む手土産を持参していたなら、猪木の態度や言葉はまた違っていたと思う。

また近年、新日ファンが1番疑問に思ったことは、長州の２度目の新日本退団後の猪木との関係だろう。いや、新日ファンに限らず、05年10月に長州が新日本の現場監督に復帰した際、腰を抜かさんばかりに驚いた天山広吉ら新日本勢も首をかしげていた。この不可解な人間関係について私なりの見解を述べてみよう。

## ●猪木の「パワーハラスメント」

04年10月９日、突如として新日本の両国大会に登場した長州がマイクをつかんで永田裕志をなじった後、２人で張り手合戦を演じたのはまだ記憶に新しい。その後、長州は11・３両国と11・13大阪ドームに単発出場した。

ごく一部の新日関係者しか知らなかったという長州の10・９両国への乱入。その仕掛人はサプライズを演出することにたけている上井氏だが、オーナーの猪木をさんざん批判して新日本から出て行った男を独断で使うほど無神経な人間ではない。ちゃんと猪木の承諾を取っていたのだ。

次に上井氏退社から約1年が過ぎた05年10月の現場監督復帰。サイモン猪木社長（当時）は自らの考えで長州に要請したことを強調したが、実際の仕掛人は猪木である。この件で同年8月ごろから長州と話し合っていたのは猪木の指令を受けた倍賞鉄夫氏で、「ZERO-ONE MAX」のある選手は2人がリキプロ道場で話し込んでいる光景を目撃している。

では、猪木はなぜ、険悪な関係の長州を新日本に呼び戻したのか？

猪木の真意ばかりは本人にしか分からないが、私は長州のマッチメーカー、コーチとしての手腕を買っている以外に二つの思惑があったと推測している。

困っている長州に恩を着せておいて自由に操ることと、新日本に対するパワーハラスメントがそれだ。

後者について猪木は「冗談じゃない！」と言うかもしれないが、それまでも嫌がらせとみられても仕方がないマッチメークや人事異動は多々あった。

カードで言えば、長州vs小川（タッグマッチ＝01年5月5日福岡ドーム）、長州vs橋本（01年1・4東京ドーム）の遺恨対決。

普通に考えて信頼関係がなければ好勝負を作れないプロレスマッチにおいて、本当に仲が悪い者同士が闘ってファンを感動させる試合になるわけがない。

案の定、前記2試合ともブーイングが飛び交う消化不良となった。それは猪木としてもある程度予想できたはず。

また、私は2度目の長州復帰も決して猪木の温情によるものではなかったとみている。それはあくまで、新日本に対するイヤがらせだったのだ。

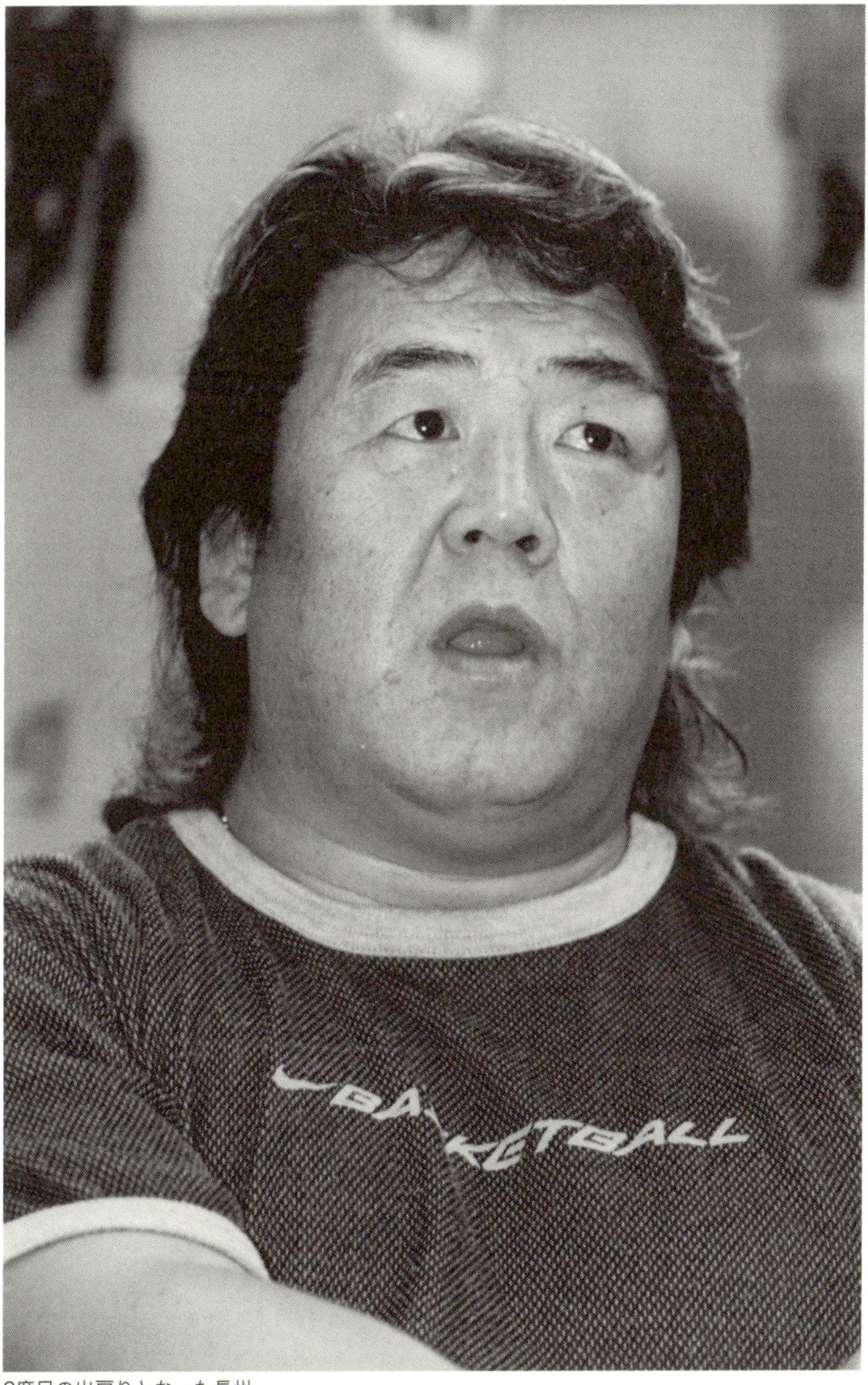

2度目の出戻りとなった長州

# 第七章　「仕掛人」時代の終焉

## ●記者の気持ちが分かる人たち

新日本の3代目仕掛人・上井二三彦氏が04年10月に退社してから、ずっと気になっていることがある。それはマスコミとのパイプ役が新日本に存在しなくなったことだ。

歴代の仕掛人、新間寿、永島勝司、上井二三彦の3氏は、記者会見後に〝囲み取材〟に応じたり、専門誌の編集長や担当記者と密に連絡を取り合っていた。会見では明かさなかった情報を流したり、興行のあおり方について話し合ったりしたものだ。

新日本の80年代前半と90年代後半の繁栄には、そうした仕掛人のリップサービスやマスコミ操縦の効果も表れていたと私は考える。

海外マットの大物外国人レスラーや他団体のスター選手と交渉したり、リング上のストーリーを作ることだけが仕掛人の役割ではない。新日本の渉外部長は広報を兼ね、企画宣伝部長は渉外も兼ねることがどうしても必要になる。

ところが、現在の新日本にはそういう人材も見当たらない。なぜ、4代目仕掛人を作らないのか？それも大いに疑問である。

現場監督の長州力や蝶野正洋、菅林直樹社長が会見に出てくることが多いが、1・4東京ドームのようなビッグイベントでもマッチメークなど大会の概要と簡単なコメントを出して終わるケースが多い。

ハッキリ言って、こんな当たり前の会見はマスコミ側にとって面白くないし有り難くもない。だか

3代目仕掛人・上井二三彦氏

ら、「大きく扱ってくれ」と頼まれても無理な相談なのだ。
　スポーツ紙もプロレス専門誌も団体側が考えているほどヒマじゃない。大会概要と、それに毛が生えた程度のものを伝達するだけならファクスかメールで十分だし、団体のHPを見れば分かることだ。そんな会見に2時間も3時間も費やしていたらわれわれの仕事は成り立たない。
　その代わり、おいしいネタをいただけるなら何時間かかっても構わないし、入稿済みの原稿と差し替えるのもやぶさかではない。とにかく、マスコミはでっかいネタか独占ネタを欲しがっている。今の新日本に「犬の気持ち」ならぬ「記者の気持ち」を分かっているフロントは果たして何人いるだろうか？
　マスコミ側はハッタリでもいいから大見出しをつけられるような情報を期待しているのだ。

## ●「ネッシー捕獲」の見出しをつけていた永島勝司氏

歴代の仕掛人たちは3人ともハッタリ屋だった。新間氏は交渉もしていないのに「ニック、ドリーをIWGPに呼ぶ!」と発言したし、上井氏も頭に思い浮かんだアイデアを次々に口にしていた。永島氏も「長州VSヒクソン」など、怪しいカードを口走ることから「タヌキ」と呼ばれたものである。そのあたりは『東スポ』でUFOだのネッシーだのと、あることないことブチ上げていた才能が活かされたわけだ。

マスコミにしてみれば、立派な肩書を持つ者の発言を元に原稿をまとめ上げるだけだから、たとえそれが実現しなくても構わないのだ。

「ではプロレスマスコミはそれをうのみにして裏を取らないのか?」と言われそうだが、それがネガティブ情報でない限り、実現性が20%であっても見出しを打つ。それは許容範囲として私は認識していた。というより、この世界では影響力の大きい『東スポ』の報道姿勢が「業界標準」になってしまっている側面はある。

07年、アントニオ猪木がブチ上げたIGFの南極遠征や北米大陸のインディアンリザベーションでのプロレスイベントは、いずれも実現の気配は全くないものの、マスコミ的にはそれなりに面白いネタではあった。

話を新日本の現フロントに戻すと、興行にかかわるポジションに就いている菅林社長以下のスタッフは、良くも悪くも真面目すぎて、彼らの発言は面白くも何ともない。

「ゴマシオ」こと永島勝司氏

オフレコの部分では「ＩＧＦは団体じゃない」「ＩＧＦのＨ氏はプロレスビジネスを知らない」などと面白いことを言うのだから、なぜそれを記者会見で話さないのか。猪木個人に対しても言いたいことは山ほどあるはずだ。

それをしないのは、本当にキレているからだ。互いの了解がなければいくら対立構造をアピールしても意味がない。

新日本のそんな現体制の姿勢は、かつて全日本と新日本の交流戦、ＢＩ対決の可能性について聞かれた際、「アンタたち（マスコミ）、そんなことができると思ってんの？」と呆れた表情を見せたジャイアント馬場とソックリである。新日本はいつから馬場化してしまったのだろうか。

私から見れば、07年暮れから今年2月にかけて、間違いなく互いの興行に反映させられる格好の材料があった。

米マットのスーパースターのひとり、カート・アングルのＩＧＦ・新日本参戦である。両団体はアングルの持つＩＷＧＰ3代目ベルトをめぐって激しく対立しているのだから、アングルをダシにいくらでも興行をあおれたはず。

また、ＩＧＦが12月に招聘したアングルは東京滞在中に1・4東京ドームの会見にも出ており、そのあたりの話し合いはできていた。それなら、もう1歩踏み出せたのではないだろうか。やはり新日本に真の仕掛人がいないからアングルを有効活用できなかったと考えてしまう。

## ●新間氏の「バラまきプロレス」

新日本の歴代の仕掛人のなかで1番度胸がすわり頼もしく感じたのは新間寿氏である。

「アントニオ猪木というマット界の大スターが存在して、テレビもゴールデンタイムだったからこそ、あの人の仕掛けは次々に当たったんだよ」

と言う関係者もいる。時代やスター選手に恵まれていたのは事実だが、仕掛人としてのセンス、思い切りの良さ、押しの強さは後の永島氏、上井氏と比べても飛び抜けていた。

もし、その新間氏が新日本でサイ配を振るっていなかったら、猪木VSアリをはじめとする猪木の一連の夢対決のうち、半分くらいは実現しなかったと思うし、新日本でのタイガーマスク誕生もなかったかも知れない。

当時（70年～80年代）、他団体の日本人レスラーとの交渉事はいま以上に困難だった。まだプロレスに勝負論があるころで、特に日本人選手は勝ち負けに強くこだわった。

猪木と一騎打ちをやるのはいい。だけど、オレが負けたらファンから弱いレスラーと見られ、商品価値が下がる。

実際にそれを口にしたかどうかはともかく、ストロング小林や大木金太郎はそんな不安を抱えて新日本との交渉に臨んだことは想像に難くない。そんなとき、相手の心情を察知して安心させられるかどうかが仕掛人の腕の見せどころである。

新間氏は口もうまかった。人を口説いたり、丸め込む天才といえるだろう。

ストロング小林なら、

「猪木と1回戦った後、私がビンスのところ（ＷＷＷＦ）にブッキングするからさ、アメリカでしばらく暴れて名前を上げてからまた猪木に挑戦すればいいのよ。それからウチに入団して。重役のポストも用意しているから」

といった調子で交渉に臨んだと思われる。これだけの条件を提示されれば、誰でも〃かませ犬役〃を引き受ける。小林は言われるままに馬場にも挑戦状を叩きつけながら、初めから決まっていた猪木戦だけを決行し、ＷＷＷＦに半年間遠征した後に猪木とリマッチを行なったのである。

新間氏はストレートにものを言う人間だった。私が聞いた〃新間語録〃の中で1番印象に残っているのは「人間なんてさァ、金とか物をやってりゃ喜んでいるのよ」。

すべての人間がそうではないが、だいたい当たっている。

## ●「5000円」の大入り袋を惜しげもなく配布

営業本部長の要職に就いてからは、新間氏自身は酒もギャンブルも女遊びもまったくやらないのに、経費を湯水のように使いまくっていた。

スポンサー、プロモーター、マスコミ、選手、交渉相手……それこそあらゆる人たちを接待したり高価な物をプレゼントしていたのである。気前の良さを通り越し、人に物を与えるのが趣味といった感じ。

70年代終盤、私が藤波辰巳（当時）のロス遠征に同行したときの話。現地のリトルトーキョーにある免税店に出向いた新間氏は、高級ブランドのバッグや腕時計、ライターなどを20分ぐらいの間に買いあさった。その中から私にプレゼントしてくれたのが、うるし塗りのデュポンのライター。思わず値札を見ると380ドル。1ドル＝250円前後のレートのころだから、ざっと10万円である。そのとき、新間氏が購入したダンヒルの高級腕時計は、それから数ヵ月後にわかったことだが、長州にプレゼントされていた。

私の友人でもあるニューヨーク在住のプロレスジャーナリスト、ジョージ・ナポリターノ氏は新間氏に3回も日本へ招待されている。航空運賃と宿泊代を支払ってもらっただけではない。帰国間際には現金と土産までもらっている。特にその見返りを要求するのではなく「アメリカの雑誌にニュージャパンのことを良く書いといてよ」という程度で、それ以外の魂胆はなかったと思う。

米国生活を経験した方ならご存じだろうが、向こうには誕生日とクリスマス以外に他人に物を贈る習慣はない。しかし、ナポリターノ氏にしろ、毎年春と秋に日本へ招待されていたビンス・マクマホンSR夫妻にしろ、新間氏からプレゼントをもらって大喜びしていたことを覚えている。いったん金品を受け取ったら、やはり相手に何らかの便宜を図らないわけにはいかない。それは万国共通といえるだろう。

ついでに、もうひとつ新間氏の気前の良さを披露しておこう。

プロレス界の大入り袋の中身は、だいたい1000円が相場。それでも他のスポーツのそれと比べると多いほうである。ところが、新間氏が在籍中の新日本は、蔵前国技館大会が札止めになると50

00円札が入っていた。

私もそこまでは驚かなかったが、タイガーマスク人気でプロレスブームが到来した82年には、後楽園ホール満員でも5000円。さらに、新間氏の出席する記者会見でも〝御車代〟として5000円札入りの封筒が記者、カメラマン全員に配られ、みんなホクホク顔だったという（私は大阪本社勤務だったため、おいしい思いをしたことは2、3回だったが）。

## ●世紀のタフ・ネゴシエーター

このように、人間心理をくすぐる術を知っている新間寿氏だから、猪木に挑戦状を叩きつけてきた格闘家や新日本にイチャモンをつけてきたヤクザとのもめごとも、大抵、1回目の話し合いで解決してみせた。猪木をスターダムにのし上がらせただけでなく、猪木の身を守る役目も果たしていたのである。

気の毒なことに、普段、新間氏と行動をともにしない選手からは会社の金を自分の懐に入れたり、道楽に使っていると思われていた。それがクーデター派から追放メンバーに入れられてしまった主因とみられている。

マット界ではよく、「フロントに辞められても代わりの者はすぐ見つかるが、一人前に育てるのに10年かかる選手に離脱されるのはこたえる」といわれる。ただ新間氏や上井氏のように、大量のチケットを売りさばくフロントが去るのは、団体にとってやはり大損失。現役レスラーやレスラー出身のフ

新間なくして猪木なし

ロントはそこがまったく分かっていないのだ。

私が新日本のオーナーなら、新間氏に会社の全権を委ねていただろう。あるいは上井氏でも良かったと思う。彼らのやり方がいまの時代になお通用するかどうか。その点に関してはひとつ留保をつけなければならないとは思うが、それでもなお欠点を補ってあまりある彼らの手腕と情熱があれば、新日本は身売りを回避できたと思う。

私は断言できる。もし10年前、新間氏が新日本のフロントにいたなら、強権を発動して格闘技潰しに出たことだろう。

プロレスのリングに格闘家を上げ、必ずレスラーに勝たせたはずだ。

また、格闘技を扱うメディアに対しては、恫喝もどきの圧力をかけ、プロレスを大きく報道するよう、寝技を使ったはずだ。

その是非は、この際どうでも良い。新間氏はそれをやったはずだ。

## ●「仕掛人」のはかなき栄光

3代目仕掛人の上井氏は、ワーカホリックに陥っていると見えるほどの働き者だった。新間氏や永島氏とは対照的に、彼が渉外、マッチメークを担当するようになった03年、武藤らトップクラスの選手がごっそり抜けていた。その穴を埋めるべく高山善廣らフリーの大物、あるいはボブ・サップら「K－1」ファイターを重用したところ、新日本内部から「土下座外交」と揶揄された。

「じゃあ、どないせいちゅうねん?」

それが上井氏の偽らざる心境。最後にはブチ切れて2度目の辞表を提出しアッサリ受理されている。

「新日本を退社した1番の理由は、ボクのやり方がみんなに理解されなかったことに尽きます。足を引っ張られていいましたからね」

退社直後、上井氏は私にそのように話した。退職金は彼が回収できなかった売掛金で相殺され、送別会もなかったという。

仕掛人に与えられる権限は、上井氏の一存で「K－1」との対抗戦に踏み出したり『週刊ファイト』を取材拒否したようにそれは絶大なものだが、それはあくまで成績を残している間の話。興行成績が下がると社内の空気は反転し、かなり図太い神経の持ち主でもいたたまれなくなるのだ。

永島氏の場合は、自分が推し進めた全日本との交流がキッカケで武藤、小島らスター選手、新日本の心臓部といわれる経理部門に配属されていた青木謙治氏らフロント4人を全日本に流出させた責任を押し付けられる形でパンフレット担当に降格。それから間もなく退社している。

このポジションに君臨している間は、社内で怖いもの知らず。外部の人間からもチヤホヤされ、経費も自由に使えるのだが、会社の好況は長続きするものでない以上、遅かれ早かれ谷底に突き落とされる運命なのだ。

つまり、プロレス団体のなかで1番やりがいがあると同時に、最も割に合わないポジションと言えるかもしれない。

もう1度話を新日本在籍時の上井氏に戻すと、最後の1年間は完全に孤立していた。猪木の意向に沿うように新日本に格闘技路線を打ち出したことにも原因がありそうだが、複数の新日本の社員は上井氏の暴走を指摘していた。

どういうことかと言えば、他団体との交渉事の過程報告を会議で行なわず、上井氏が明かしたときには決定事項となっており、それに不満を持つ人間が相当多かったのだ。オーナーでも社長でもない上井氏が、なぜそこまで強大な権力をもてるのか。妬みもあったと思うが、ある程度その気持ちは理解できる。

たとえば、上井氏の新日本での最後の仕掛けとなった04年10月の長州の両国国技館登場である。草間社長以下、坂口、藤波ほか全選手にとって寝耳に水の長州復帰。まして、新日本全体が長州アレルギーを強めていた時期である。

当然、内部は「誰が長州を戻したんだ!?」と大騒動。最初は猪木の指令で上井氏が長州を担ぎ出したとみられていたが、上井氏が名乗り出て大ヒンシュクを買うハメになった。

いまでこそ「いやァ、あのときだけはみんなからものすごい目でにらみつけられましたよ」と笑って話す上井氏だが、その直後に辞表を出したことを考えると、この大暴走が退社の決定打となったのは間違いない。

## ●「情報操作」プロレスは終わった

ではなぜ上井氏は新日本にとって極めて重要なことを幹部クラスにも隠し立てしたのだろうか。それについて、上井氏から取材拒否を受けた経験を持つ私には簡単に説明がつく。それは、マスコミへの情報漏れを防ぐためだ。

あるベテラン記者によると、上井氏ほどスッパ抜きを嫌がる団体関係者とは出会ったことがないという。

もちろん、マスコミに情報を抜かれて喜ぶフロントはひとりもいない。せっかくのサプライズ演出がまったくインパクトのないものになってしまうからだ。また、情報漏れがあれば、相手との信頼関係が崩れ仕掛人としての交渉力を低く見られ、業界内での力を落とすことにもつながる。かつて上井氏が『ファイト』を取材拒否した1番の理由も「スッパ抜き」が原因だった。

私にしてみれば、それがイヤならもっと徹底した情報管理をやれ！と言いたいところだが、それは上井氏に限らず団体関係者に通じるものではないだろう。

上井氏の秘密主義は、いわば興行を盛り上げるための一つの手段。新日本のフロントは、そこのところに理解を示し、側面から上井氏を支援すべきだった。

かつて、彼ほど強い新日愛を持つフロントはいなかった。新日本退社直後の04年11・13大阪ドームで、永田裕志、天山広吉ら新日勢がケンカ腰で小川直也のハッスルポーズを阻止するのを見て感激し、号泣しながら倍賞鉄夫氏のケータイに電話してきたのは有名な話である。

取材拒否という痛い目に遭った私もそんな上井氏の純粋さにひかれるようになり、気がついたら上井シンパに。いまでは1週間に数回電話で話し合う仲になっている。

いずれにしても、強い愛社精神を持ち、会社に貢献できる人間を慰留しない旧新日本の体質。それもマット界盟主といわれた新日本が崩壊に追い込まれた一因ではないだろうか。

# 第八章　ＩＧＦと猪木の「晩節」

## ●猪木のいる所にトラブルあり

猪木は、まさに太陽のような存在である。距離を保ってそれを見るプロレスファンにとっては、光り輝くスーパースター。しかし、その熱球に近づこうとすれば、必ずひどいヤケドを負ってしまう。

猪木と歴代の「仕掛人」たちの関係を見ても分かるように、猪木と「長年にわたる信頼関係」を維持することは困難だ。猪木の裏切り、側近同士の確執、どうしようもない不運など、必ずや災いがやってくる。それは猪木事務所が閉鎖され、猪木関連の対外窓口がＩＧＦになってからも変わっていない。

橋本田鶴子という中年女性。現在、六本木でスナックを経営する彼女は、カメラマン時代に新日本の中国遠征（90年9月）で猪木と知り合って以来、異例の長さで猪木と親交を保っている。

07年、一般週刊誌に「アントニオ猪木の東京妻」と書かれたが、2人の共通の知人は、「猪木さんの身の回りの世話をしているようですが、男女の関係ではないと思います」とその報道を否定している。

真相はともかく、橋本氏は猪木が新日本から完全撤退した07年春ごろから猪木のマネジャー的な役割を果たすようになり、テレビ、イベントへの出演交渉も引き受けていた。

ところが、それをやられると一番困るのはもうひとりの正規マネジャーである廣瀬拓氏（ＩＧＦ副社長）。猪木の日本滞在中のスケジュールも組み立てているのも廣瀬氏だが、そこに橋本氏が独断で決めた予定が割り込んでくると混乱をきたすこともあるのだ。

07年11月にはこんなこともあった。東海地区におけるマネジメントを猪木から任されている酒井満天氏が、昔から猪木と親交があった空手道場「寛水流」の記念イベントの出演料を100万円でまとめたところ、橋本氏から「寛水流」に電話が入り、出演料として300万円を提示したというのだ。

これでは、酒井氏の立つ瀬がない。酒井氏は猪木自身が決めたギャラなら自分のメンツが潰れても仕方がないと思ったが、念のため猪木に確かめてみると「オレ、知らないよ」。

その後、このギャラの調整をどのようにつけたかは知らないが、自らの領域を侵された酒井氏は、ア然とするばかりであった。

猪木は意図的に側近同士をもめさせているのではない。事情や状況をまったく把握せず、言われるままに仕事をこなすためにいさかいが起きてしまうのだ。

かつては自らの稼ぎで経営が成り立っていた猪木事務所の金の流れさえほとんど知らず、同事務所の倍賞社長や伊藤専務を妬む人物から「彼らは何百万という月給を取っているうえ、経費を使いまくっている」と聞かされ、慌てて監査を入れ、後に新日本社長になる草間氏を入れているくらいだ。

かつて「PRIDE」と手を組んだ猪木がコンビを組んだのは、作家の百瀬博教氏であった。だが03年、百瀬氏は、猪木が自分に無断で「イノキボンバイエ」を開催しようとしたことに激怒。後にアポなしで猪木の誕生日パーティー会場に乗り込んだところ、さすがの猪木も慌てて逃げたという逸話もある。

猪木がこれほどまでにルーズな人間関係でいられるのは、その独自の人生観によるものである。

## ●猪木を救った「新タニマチ」の吉凶

猪木はいみじくも言う。

「オレの場合、自分の力ではどうにもならないピンチに陥ったとき、必ず救いの手が出てきた」

実際、猪木の言うとおりである。8億円とみられるモハメッド・アリ戦（76年）の借金、20億円前後とされる「アントン・ハイセル」の負債……猪木個人はもちろん、興行会社に過ぎない新日本が逆立ちしても返済できる金額ではなかった。猪木がどのように借金地獄から抜け出したかは、さまざま報道されている通りでここでは割愛するが、金銭面以外においてもピンチをことごとく切り抜けている猪木は、とんでもない強運の持ち主であることが分かる。

猪木は07年にも大きな幸運に恵まれている。

猪木事務所閉鎖に続き、「ユークス」傘下となった新日本と縁を切った直後の新団体IGF旗揚げがそれである。

猪木に資金を提供する大スポンサーはもう現れないだろう——。マスコミも含め誰もが猪木は終わったと思い込んでいた。

ところが昨年11月、英会話学校「NOVA」を買収して話題となった「ジー・コミュニケーション」の関連会社でIGFの母体でもある「ジー・テイスト」の高橋仁志取締役。かつて三重県でピザ屋、レストランなどを手広く経営していたが、資金繰りに行き詰まり、「ジー・コミュニケーション」のM&Aで全店舗を売却。その高橋氏が熱狂的な猪木ファンだったことと、猪木の側近とも顔見知りだったことから、まず居酒屋チェーン店に猪木のキャラクターを採用することになった。06年暮れに東京・池袋に作った「アントニオ猪木酒場」がその第1号店である。

その縁で猪木は「ジー・コミュニケーション」の稲吉正樹社長とも出会い、高橋氏の強いプッシュで新団体設立プランはトントン拍子に進んでいった。その間、わずか3、4ヶ月。まして稲吉社長は猪木にもプロレスにもまったく関心がなく、単に猪木の商品価値に目を付けただけというから、これもミラクルといえる。

もし稲吉社長が新団体への出資に難色を示していたなら、いまごろ猪木の存在感は消え失せていただろう。

## ●「新日本は必ず潰れる」

振り返れば、猪木は「ユークス」傘下となってからの新日本に対してもよほど面白くないことがあったようで、猪木は「新日本は必ず潰れる！」と、そこらじゅうで言いまくっていた。

ある雑誌記者が猪木にロングインタビューを試みたときには、その言葉が5、6回出たという。正直言って、テレビ朝日の「ワールドプロレスリング」が打ち切られない限り、いまの新日本が団体として消滅する可能性はまずない。

だが、ひどく感情的になっている猪木にそう断言する「理由」は聞きづらい。いや、質問したところで明確な答えは返ってこないだろう。

猪木が現在の新日本にここまでの敵ガイ心を持つようになったことについて私なりに思い当たるフシがいくつかある。

まず、猪木vsアリ30周年記念イベントとして日本武道館で開催されるはずだった06年9月の『イノキ・ゲノム』が延期、再延期になった挙げ句、中止されたことだ。日本武道館を押さえたのは当時の新日本社長のサイモン・ケリー猪木氏だが、「ユークス」サイドを代表する菅林直樹副社長（現社長）が選手貸し出しをはじめとする協力を拒否したと伝えられている。

そのころ猪木には有力スポンサーがついておらず、新日本に頼るしかなかったようだが、まったく融通のきかない新日本に激怒したのは想像に難くない。

「イノキ・ゲノム」中止によって赤っ恥をかく格好となった猪木は、同年暮れに韓国ソウルで開催された格闘技イベントのサブタイトルに「イノキ・ゲノム」をつけて辻ツマを合わせようとしたが、思わぬところで実行力のなさを露呈してしまった。

これは後にわかったことだが、菅林氏や「ユークス」役員に「猪木さんとかかわるな。ロクなことはないから」と入れ知恵した人間が新日本内部にいたらしい。また、06年12月ごろには社長交代が真剣に検討され、サイモン氏にはすでに社長としての権限が与えられていなかった。

もう一つは猪木による新日株の買い戻し。猪木は新日本を手放して初めて、バックボーンを持たない不自由さを経験したようで、07年1～2月あたりに「ユークス」に打診したものの、キッパリと断わられたと伝えられる。

猪木の持ち株は2億円で「ユークス」に売却されたと報道されたが、「ユークス」は07年までにトータルで15億円もの資金を新日本に注ぎ込んでいる。だから仮に「ユークス」側が買い取るとしたら4億円や5億円では承諾できなかったはず。そのあたりの相手の事情を踏まえたうえで猪木は新日株の買い戻しを申し出たのだろうか。

いずれにしても、何らかの興行を打っていかなければ、猪木という存在は、埋没して表舞台から消える。このことをもっともよく分かっているのは猪木自身であろう。

## ●二兎を追うもの一兎を得ず

「ジー・コミュニケーション」という大企業の後ろ盾を得たとはいえ、IGFは決して安泰ではない。

稲吉社長は本格的にプロレス界に参入する意思はなく、IGFに出資の限度額を設けている

「IGF」の狙いは…

からだ。つまり赤字が出てまで続けることはないという意味でもある。だから、自力で運転資金を回さなければならないＩＧＦには道場を作ったり所属選手を抱える余裕はまったくない。

これまでＩＧＦの３大会は猪木の必死の営業活動、つまり個人スポンサーへのチケットの手売りで何とかしのげた。しかし、それにも限界がある。さらに大口スポンサーを見つけるか、プレイガイドでチケットが売れまくる人気団体に変ボウを遂げるしか生き残る道はないのだ。

しかし、私は断言できる。いまの団体の方向性でＩＧＦがブレークすることはありえない。

ＩＧＦのリング上の風景をながめていると、あれから9年もの歳月が流れたというのに私の脳裏には「ＵＦＯ」がよみがえってくる。

小川、ドン・フライ、ザ・プレデター、アレクサンダー大塚、石川雄規といった既視的な顔触れもさることながら、何より団体の方向性が酷似しているからだろう。

プロレスのストロングスタイルと総合格闘技をミックスしたような、いわゆる〝プロ格〟スタイル。猪木は、この試合スタイルが21世紀の新プロレスと考えているようだ。

98年10月から翌99年6月にかけて両国国技館、大坂城ホール、横浜アリーナ、大阪府立メーン競技場でビッグマッチを開催したＵＦＯは、この４大会だけで活動を休止。米ＮＷＡ（ＴＮＡの前身）やオランダの「カマクラ・ジム」からダン・スバーンやジェラルド・ゴルドーといった強豪レスラー、大物格闘家を招聘したものの、興行は成功しなかった。

それを教訓にせずＩＧＦでも「プロ格」スタイルを打ち出した猪木は「あのスタイルは10年早かった。でも今なら……」とでも考えたのだろうか？

しかし実は「プロ格」スタイルこそ、プロレスファン、格闘技ファンのいずれにも支持されにくい最悪のモデルである。

私は07年、IGFの全大会を取材しているが、最もボルテージの高い試合は6・29両国大会のメーン、ブロック・レスナーvsカート・アングルだった。この試合は現在のプロレスファンが求めているダイナミックな攻防を織り込んだ〝純プロレス〟で、この時点でも「答え」は出ていたのである。だが、IGFはその後も出場選手をプロレスラーに絞り込まなかった。

もちろん、あれだけの超豪華メンバーをそろえながらIGFがブレークしない要因はほかにもある。ベースはプロレスなのに、格闘技団体のように所属選手を抱えず、大会ごとに内外から選手をかき集めていることだ。

プロレス寄りであるなら、点と点を線にしなければファンはIGFに興味を示さない。同じ寄せ集め興行の「WRESTLE―1」はトーナメント開催でドラマを作ろうとしたが、集客に苦戦したあげく、決勝戦を行なわないまま消滅していった。

IGFをもし本当に軌道に乗せたいと考えているならば、まずプロレス、総合格闘技のいずれかに絞り込むこと。そして純プロレス路線を敷くなら、日本人の所属選手を抱えて興行回数も増やすべきである。

ただ私は、正直言ってこのIGFという団体がプロレス史において重要な意味を残すとは考えていない。それよりもむしろ、これから猪木はどうなってしまうのか、という点について思いをめぐらせてしまう。

## ●猪木の「イラ立ち」と「絶望」

私から見て、日本人選手で不世出のレスラーと言えるのは力道山、ジャイアント馬場、アントニオ猪木の3人だけだ。

プロ野球に例えれば、王、長嶋に匹敵する存在の猪木が、スケールダウンしたIGFのリングで奮闘しているのを見ると、痛々しいものを感じてしまう。

猪木にとって、この10年とは何だったのか。プロレス界にとって、猪木とは厄介な老害でしかなかったのではないか。そう思うと、東京プロレス時代から猪木を見続け、『ファイト』でその一挙手一投足を報じてきた私としては、やりきれないものがある。

猪木がプロレスを通じて成し遂げたかったことは、闘いのロマンであり、また偏見で見られていたプロレスを「世間」に認めさせるということだった。

徹底したリアリズムと、ハプニングの演出、そして世界最高峰の格闘家、モハメッド・アリとの対戦。それらはみな、「プロレスよ、世間に届け」という一念から始まったものと考えられる。

現在のプロレス界に対する猪木のイラ立ちは、プロレスの枠から一切飛び出そうとしないレスラーたちへの不満である。だが、ここでの不幸は、プレーヤーとしてあまりに天才だった猪木が、並みのレスラーのポテンシャルをよく理解できていないと言うところにある。

「なぜ、こんなこともできないのか」

「なぜ、こんなことすら分からないのか」

だが、猪木がやってきたことは誰にも真似できないことが多いのだ。いくら小川や中邑をリングで殴り、闘魂を注入しようとしても、プロレスラーとしての能力の差は、いかんともしがたい。

「しょせん、猪木さんの時代とは違いますよ」

そう思われるのがオチであろう。猪木は、自分と他人は違うということに気づくべきだったのかもしれない。

人間は、感情を持つ動物である。あるひとりの人間が、ある日はプロレスを愛し、ある日はプロレスを憎む——そうしたことは、十分にあり得ることだと私は思う。

猪木は、自らをスーパースターの座に押し上げてくれたプロレスに対し、それを否定する言動が多かったのは事実。しかし私は、いくら猪木が「新日本プロレスなんてぶっ潰してやる!」と発言しようとも、プロレスへの愛がなくなっていたとは考えていない。

この10年間の間にあった、猪木の何度かの〝強権発動〟は、「プロレスとは何だ!」という、プロレス愛から来るメッセージだったと私は理解している。ただ、そのことを心の底から理解できる人間は、すでに猪木の周囲から去ってしまっていたのだ。

理解者を失った猪木の漂流は続く。これはスーパースターの宿命なのか、それとも猪木の自業自得なのか、私には分からない。ただ、いま、私にできることは、猪木を注意深く見守り続けることだけである。

# 第九章　勝負論なき時代に

## ●インターネットとプロレスファン

ここまで落ち込んだプロレスは、今後どうすれば良いのか。まえがきでも述べたとおり、私はその問いに対し答えを見つけられないでいる。無責任と言われても致し方ないが、それが正直なところなのだ。

ただし、その効果はともかくとして、こうする手はある、という提言はある。ここから先は、私なりのプロレス再建に関する小論である。

もともとプロレスの本場アメリカでは、ほかのプロスポーツ以上にスペクテイタースポーツと言われていた。つまり、新聞、雑誌などで読んだりするものではなく、ライブで楽しむ傾向が強かったのである。

だから、米国で最もプロレスが繁栄した60年代でも、1番ポピュラーな専門誌で約5万部しか売れなかったという。歴史と伝統を誇る『レスリング・レビュー』などは次第に姿を消し、80年代に10誌ほど月刊誌が創刊されたもののすべて廃刊に追い込まれている。

対照的に情報の早さや記事の濃度で読者を引き付けた日本のプロレス誌は新日本とともに高度成長を遂げた。

夕刊フジや日刊ゲンダイと同じタブロイド版の新聞でページ数もこの2紙と変わらない『ファイト』は、価格が280円にハネ上がってからも会社（新大阪新聞社）に多大な利益をもたらした。また、

『週刊プロレス』は90年代半ばに実売数20万部までに達し、ベースボール・マガジン社のドル箱となったし、『週刊ゴング』も自社ビルが建つほど潤ったのである。

これがほかのプロスポーツを扱う専門誌なら、これほどの利益は生まなかったはず。やはり、試合が終わってからもファン同士であーでもない、こうでもないといった調子で語り合ったり、不透明な部分を推理して楽しむ特殊なジャンルだからこそ、われわれのビジネスも成り立っていたのである。

しかし、21世紀に入って、そうした構造を一変させてしまったのが、携帯電話やインターネットである。

これらのツールは取材の手法にも大きな影響を与えることとなったが、マスコミを含めたプロレス業界にとって、ネットの普及はもろ手を挙げて喜べるものではなかった。むしろ、プロレス不況の主要因としてヤリ玉に上げる記者も多い。

まず速報性を競うあらゆるニュースメディアにとって、携帯電話やインターネットの登場は確かに脅威であり、プロレスマスコミもまた、それらと戦わなければならなかったのは事実だ。

たとえば、まず試合結果だ。「結果を知れば、特にそれ以上は……」というファンにとって、携帯やネットほど便利なものはない。リアルタイムで結果を知ることのできる会場へ足を運ぶ必要もないし、雑誌や新聞を買う必要性も薄くなってくる。

だから、『週刊プロレス』『週刊ゴング』といった専門誌は、サイトやモバイルに趣向を凝らし、編集誌面もリニューアルしてきたわけだが、少なくとも『ファイト』に関して言えば、私は、部数が落ちた原因にインターネットの影響が大きかったとは思っていない。

なぜなら『ファイト』の紙面の最大の特徴は、試合について書かないことだったからだ。舞台裏を紙面の中心に置いていただけに、そこはネット情報と図らずも差別化されていたわけだ。

もちろん、ネットが普及してからというもの、ビッグマッチの後に結果を問い合わせてくるファンからの電話が激減したことなどを見るにつけ、プロレスファンとプロレスの間に大きな変化が訪れていることは分かっていた。プロレスファンは、もともと物事の裏側を探りたがる傾向がある。

リング上のさまざまなできごとをネット上で議論するファンは多く、プロレス関係の掲示板は常に活況を呈していたが、ファンが自由に情報を発信し、共有することができるようになったことで、プロレスの魅力のひとつであった「真相は果たして？」の魅力が削がれていったことは事実だった。

悪いことに、新日本プロレスファンにはインターネット愛好者が多く、グレーだった部分がどんどん暴かれてゆくことで、団体側としてもネット空間は無視できない影響力を持つようになってきた。

## ●問われる団体側の情報管理

06年の新日本プロレス1・4ドーム大会前、後に社会問題になった「円天グループ」が、大量のチケットを路上でバラ巻いていたことが発覚。このときも、情報の発信源はネットで、それは新日本の信用を大きく落とす結果となった。

こうして信用が毀損されている状況に対し、団体側の意識は低い。繰り返すように、私は、インターネットがプロレス沈没に大きな影響を及ぼした、とする考えには賛成していない。まったく影響がなかったとは思わないが、それはどちらかといえば小さな理由だと思う。しかし、このネット時代の到来が教えてくれた教訓はある。

それは、団体側の徹底した情報管理の必要性だ。

いまや、プロレスに勝負論はない。プロレスの仕組みを知ったうえで観戦しているファンがかなり多い。

「この試合は、こうしてこうなる」

ネット上で先読みされている予想通りにプロレスの試合が進行してしまっては、一貫の終わりだ。

そこで、先読みさせないような努力が必要になる。仮に勝負論はなかったとしても、サプライズを演出し、できるだけ観客を裏切る工夫が必要なのだ。

「さすがにそこまでやるとは思わなかった」

「あれはさすがにアングルではないだろう」

ファンに、そう思わせるためには、何といっても団体側が情報の出し方に神経を使わなければならない。どうやったら、プロレスの試合を人間のドラマに転化できるのか。それには、ファンの予測より必ずひとつ上を行く情報戦略がどうしても必要である。

思えば、過去の新日本プロレスの成功モデル、新日本vsUインター、小川vs橋本戦には、そうした仕掛け、要素が含まれていた。団体は、もっと考え、知恵を絞らなくてはいけない。

## ●「長州力」より「長州小力」

もうひとつ、プロレス団体の責務として、テレビ対策がある。

あるプロレスファンが、会社の同僚に「昨日、中邑の試合を見たよ」と話したところ、「キミ、サッカー見るの？」と言われガク然としたという。

しかし、悲しいかなプロレスの中邑真輔よりサッカーの中村俊輔、長州力より長州小力の知名度が高いのが現実である。

テレビのバラエティー番組などを見ていても、よく出演しているのは北斗晶、ジャガー横田、アントニオ猪木、アニマル浜口ら元レスラーで、現役の蝶野、中西らはたまにしか見かけない。強いて言えば、ＣＭにも出演している佐々木健介だが、彼の場合、ＴＶ界でコメンテーターとしての評価も高まっている鬼嫁・北斗とのセットになっている。

とりわけ日本では地上波テレビでの露出が人気、知名度、注目度のバロメーターとなっている。ブラウン管に映し出されてさえいれば、弁護士や大学教授であれ、ビーチバレー、陸上競技などアマチュアのアスリートであれスター扱いされていることになるのだ。

この何年かの間にめっきり減った現役レスラーのテレビ出演。新日本とノアがそれぞれテレビ朝日、日本テレビでレギュラー放映されているといっても、時間帯は朝方に近い深夜。ハッキリ言ってなきに等しい。

プロレスのゴールデンタイム復帰など夢のまた夢。22時～25時あたりへの繰り上げもあり得ないと見られている。

テレビ朝日にしろ日本テレビにしろ、数年前までは衛星放送への参画をニランでプロレスというジャンルも貴重なソフトと考えていた。だからこそ、深夜の時間帯にかかわらず相場の数倍もの放映権料が団体に支払われてきた。

例えば、テレビ朝日系の「ワールドプロレスリング」。毎週土曜日の夕方に放映されていた90年代には1回当たり1200万円が支払われたが、2000年代になって1000万円に下がり、その後も徐々に減らされて現在は600万円（推定）。それでも法外な放映権料、もっと言えば〝赤字番組〟であるから、毎年春の番組改変期が近づくと「ワールドプロレスリング」打ち切りのウワサがテレビ界に飛び交うのは納得できる話である。

## ●生命線の「ワールドプロレスリング」放映権料

旧新日本でCEOを務めた坂口征二氏によると、興行成績が振るわないときにはテレビのありがたみが身にしみたという。それは金額もさることながら、毎週月曜日の朝になると、新日本の口座に1回分の放映権料がきっちり振り込まれていたからだ。

週払いとなると、当日券の売り上げ同様に現金収入に近い感覚。年がら年中、多額の出費に追われている新日本にすれば、興行成績が落ち込んでいたときでも、それによって何とか金が回るわけだ。

プロレス団体にとって、地上波のレギュラー放映はまさに生命線。「ユークス」が新日本買収に名乗りを上げたのも、旧新日本にテレビ放映という資産価値がついていたためだ。

かつて80年代のアントニオ猪木や初代タイガーマスクのようなスーパースター輩出が不可能なら、バラエティー番組などに進出してお茶の間で大人気を博すレスラーや知名度の高いレスラーを作る企業努力を行なうのは一つの手である。もはや、ただ単に試合中継を流しているだけでは、いま以上にファンの裾野を広げていくという効果は期待できないのだから。

新日本、ノアの間でいま全国区の知名度を誇るレスラーは、蝶野、三沢光晴、小橋健太のわずか3人。蝶野らの年齢や、万全とはいえない体調を考えると、そう遠くない日に現役を退くことになる。その前に茶の間の人気者、ビッグネームを作らないとテレビ枠を守ることは不可能だろう。

## ●「バカキャラ」の裏に隠された中西の思い

ある先輩から「最近、よくテレビに出ているじゃない?」と言われた中西は、「別にボク個人が有名にならなくてもいいのです。バカ(な役柄)もやってますけど、テレビでボクを見た人たちがプロレスに興味を持ってくれて、それが少しでもプロレス復興につながってくれれば……」と言ったという。

私はこの話を耳にしたとき、中西というレスラーをすっかり見直してしまった。なぜなら、中西ほど茶化されることを嫌がるレスラーもいなかったからだ。事実、彼は過去に何度か『週プロ』などの記事にクレームをつけている。

前田日明のように威圧的な態度に出ることはないが、そのときの中西の抗議はかなり執拗だったという。だから、その変ボウぶりに感心したのだ。

残念ながら、中西はテレビでブレークしなかったが、真面目なプロレスにこだわっている新日本がもう少し視点を変えて傘下選手のキャラ作りに励めば、一般層にも届く、画期的な人気レスラーを輩出できるかもしれない。

その意味で言えば、06年から「レッスルランド」で実験中の新日本だが、あまりに中途半端すぎて、成果はほとんど表われていない。

興行収益だけで団体運営をできれば、それに越したことはない。ただ、10年前と比べてパイ（ファン人口）が激減してしまっている。専門誌の実売数の落ち具合から推定すると、４分の1程度まで減ったとみていいだろう。

『週刊ファイト』が03年から06年9月までに最も売れた月は、橋本真也が急死した05年7月である。また、新日本の1・4東京ドームも含め、この2年で最も実券（プレイガイドに限る）の売れた興行は、小橋の腎臓ガンからの復帰戦（ノア07年12・2武道館大会）だった。

有名レスラーが死ぬかガンにかからないと、専門誌がよく売れたりヒット興行は出ないのか……正直、プロレスの興行人気はそこまで落ち込んでいる。しかも少なくなったパイを30数団体が食い合っているときている。

それでも新日本が年1回の東京ドーム大会、同5回の両国国技館大会という業界ナンバー1の興行規模を縮小しないのはテレビ放映を維持するため。しかし、安定した経営を目指すのであれば、リスクの高いドーム大会だけでもやめるべきだ。

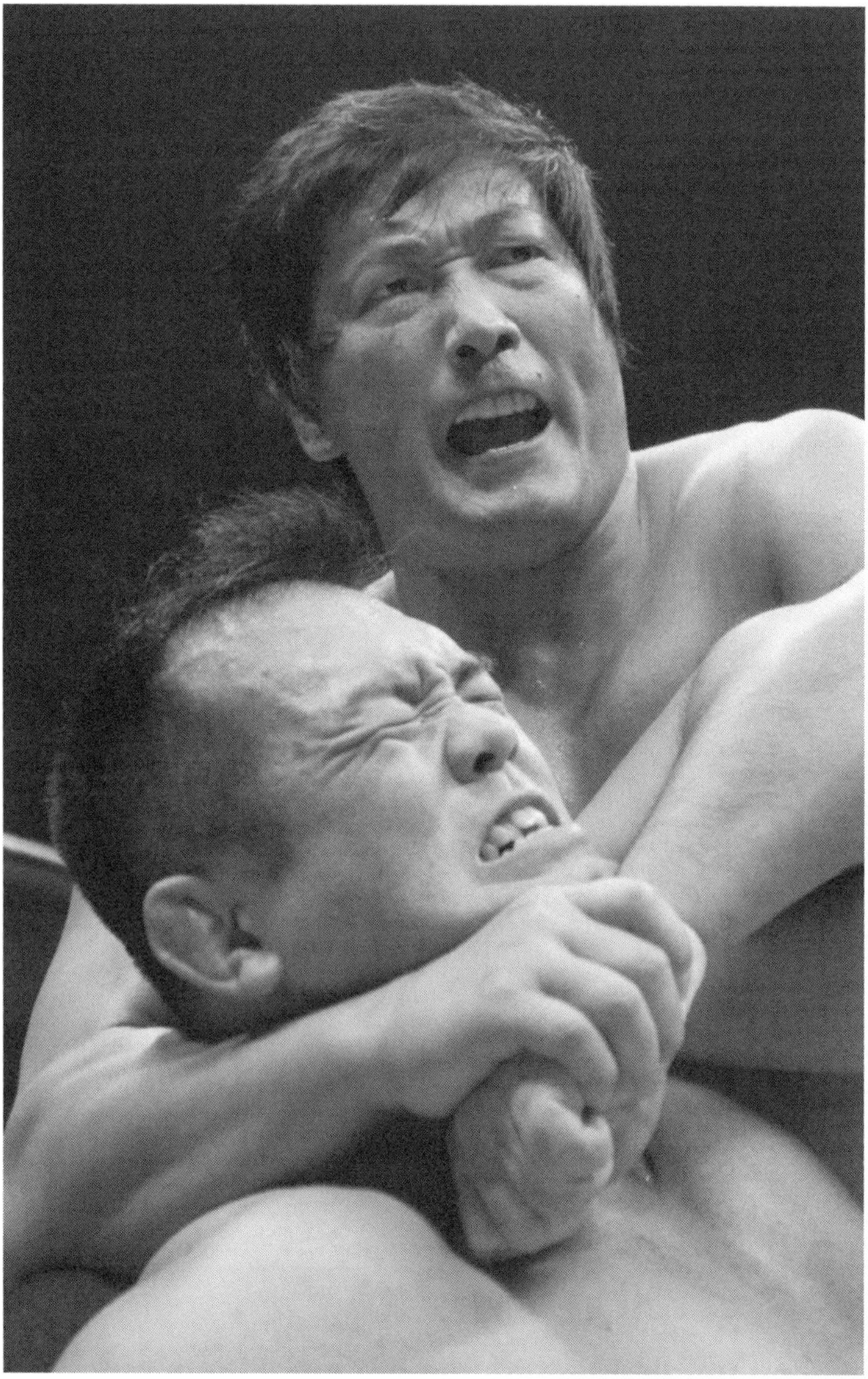

小橋の腎臓ガンからの復帰戦（ノア07年12・2武道館大会）

かつて、ライバル団体の新日本が東京ドームに初進出してから10年近く経っても単独でのドーム大会はなかなか開催しなかった旧全日本。その理由についてジャイアント馬場は、

「ウチが日本武道館でやって、1万人も2万人もお客さんが入りきらないっていう状況なら、そりゃオレだって東京ドームでやりたいさ。でも、そうじゃないだろ?」

と、もっともらしい説明をしたものだった。

当時の全日本の日本武道館大会の観客動員数は、ここ数年のノア同大会を確実に上回っていた。それに対し、新日本の両国国技館大会は昨年5回のうち4回コケている。だから、一体どこに勝算があって1・4を継続しているのか理解に苦しむのだ。そう思っているのは私ひとりではないだろう。

## ●消えた「スカウト部長」

戦後の日本人の平均身長は、半世紀で12センチ以上伸びている。実際、学校のそばを通りかかると、「あんな大きい子がいるのか」と驚かされることもしばしばだ。

ところが、日本人プロレスラーの平均身長は、おそらく60年代~70年代と比べ、逆に下がっているような気がする。これは何を意味しているかというと、有望な人材がこの業界に入っていないということ。もっと言えば、団体側が人材を発掘したりスカウトしたりする努力を怠っているのである。

数年前、新日本プロレス内でスカウト部長の要職にあった木村健悟氏と、あるとき会場で立ち話をしたことがある。

「木村さん、若乃花やハンマー投げの室伏なんかを新日本はスカウトすべきですよ。もちろん可能性は低いでしょうが、もし彼らがリングに上がることになれば、一気に話題になりますよ」

するとすると木村氏はこう言ったのだ。

「そうだなあ、じゃ、連絡先を調べておいてくれない？」

私はそれを聞いて、新日本がどこまで本気でスカウト活動をしているのか見えたような気がした。

05年に「K－1」の石井元館長と食事をしたとき、彼はその凄まじいリクルート作戦を私に話していた。

「柔道の篠原にも声をかけたし、若乃花にも行ったし……」

ありとあらゆる選手に話を持っていくことによって、やっとあれだけの選手をリングに上げているわけだ。もちろん、資金のある「K－1」と同じことはできないだろうが、スカウト部そのものが潰れてしまった新日本の現状では、スーパースター候補の大器が入団する可能性はまったく見えてこない。

プロレスというのは実に難しい。格闘技であれば、フィジカルの強い選手をスカウトすれば、半年でリングに上げることも可能。しかし、プロレスではそうはいかない。いくらいま清原がプロレスに転向しても、プロレスラーとしてファンをウナらせる試合はほとんど期待できないからだ。

まったくの新人を入団させても、才能を開花させるには最低でも数年かかる。しかしそれでも、人材確保にコストをかけなければ、プロレスが先細りするのは目に見えている。

## ●東京ドーム「5000円」席の是非

08年の新日本プロレス1・4ドーム大会で、会場に足を運んだという知り合いの1人がこんなことを言っていた。

「2階に客を入れなかったせいか、3000円の席はごくわずかしか売っていなくて、1番安い席で5000円だったんです。高いと思いましたが、仕方なく買って入りました」

会場はガラガラなのに、安いチケットは用意しない。これではファンに不満は残る。「そういうことをしたらファンが怒るのではないか」と考えるフロントはいなかったのだろうか。

そもそも、プロレスのチケット価格は見せている内容に対し、釣り合いが取れているのだろうか。新日本で言えば、闘魂三銃士が勢ぞろいしていた時代と、スター級選手がゴッソリ抜けた今とでまったく値段が変わらないか、むしろ値上がりしているのだ。本来、あり得ない話である。

一度上げたチケットの値段を下げるというのは、なかなかできることではない。しかし、チケットが高すぎて会場に行く気がしないファンが相当いるということを、団体はもっと深刻に認識すべきだろう。

おしなべて、団体とファンの間の「認識のズレ」は年々大きくなっていく。

以前、新日本の地方大会で、長州が天山に負ける番狂わせがあったが、あるフロントは「ほら、地方大会でもこんなに大きいことがおきるんだから、取材しなくちゃソンでしょう？」と話したが、そんなものは見出しにも何にもならない。ビッグマッチを組んだつもりで悦に入っている団体に、冷めているファンという構図も気になる。

「自分たちの出し物に、どれだけの値段が付けられるのか」

この点について、レスラー、フロントはもっと謙虚にそれを検証すべきである。

# 第十章　回想

## ●プロレス村という楽園

おそらくプロレス記者の誰しもが思っていることであろうが、この業界は居心地がいい。

まず、この仕事をイヤイヤやっているという人はいない。記者としての能力をシビアに査定されることもない。選手もいわゆる「善人」が多い。人に頭を下げることもそんなにない。給料はイマイチだったとしても、まさに現代のユートピアだ。

少年時代からプロレスファンだった私にとっても、プロレス記者は〝天職〟だった。ブルーノ・サンマルチノ、ディック・ザ・ブルーザー、フリッツ・フォン・エリックといった大物レスラーたちは、私にとってハリウッドスターを超える存在。そんな面々と会い、話し、ときには自宅にまで招かれたことさえある。それは夢のような毎日だった。あの日々があるだけで、私はこの仕事を選んだことに対する後悔はまったくない。

しかし、まったくスキ間のない昨今のご時勢にあって、プロレス界のような甘い構造は許されなくなっていたのかもしれない。一箇所にヒビが入っただけで一気に土台は崩れ、私も職を失うハメとなってしまった。

会社から、「あと4号で終了」との宣告を受けるまで、私は『ファイト』を立て直すことに関してまったく意欲的であったし、休刊後もしばらくは、復刊の可能性を探ったりもした。

「スター不在のプロレス界だが、いまに盛り返すときがやってくる。それまでなんとかシノいでいこう」

こう考えていたわけだが、それを「甘い」と言われたら返す言葉はない。

本書の冒頭であげたプロレスの衰退要因、つまり選手の離脱分散、暴露本、あるいはライバル（格闘技）の出現といった要素をいっぺんに眺めてみると、この世間知らずのプロレス村がどれだけスキだらけだったかがよく分かる。要するに、移り変わりの激しいこの時代に対応する力に欠けていたわけだ。

たとえば、03年にＷＪを設立した長州は、自分の商品価値を完全に見誤っていた。引退してすでに5年。年齢も50歳を超えて、なお「オレがリングのど真ん中に立てば、会場が満員にならないわけがない」との勘違いが、崩壊劇のそもそもの出発点である。

乱立したプロレス団体も同じ。ＷＪプロレス、無我ワールドプロレスリングなど、計画性のない無謀な団体旗揚げも相次ぎ、結局は古巣に出戻るなどしてファンをシラけさせた。それもこれも、一言でいえばレスラーという人種の「甘さ」である。

## ●「プロレス」の特殊性の本質

プロレス界は特殊な世界とはよく言われるが、どうしてそうなのか。私はそのことを考えるとき、プレーヤー人口の少なさに注目する。

他のスポーツであれば、野球人口、サッカー人口、マラソン人口といったように、一般人のレベルで何十万、何百万人といったプレーヤーが存在する。その頂点がプロに君臨するわけで、90分を常に走り続ける運動量や、１５０キロのスピードボールを投げる凄さについて、多くの人がそれを経験的に理解することができる。だからそこにリスペクトも生まれるわけだ。

しかし「プロレス人口」というのはない。もちろん子どものプロレスごっこ（それもいまは皆無だろうが）程度はあるにせよ、学校の授業でプロレスがあるわけではないし、プロレスをキチンと教える教室があるわけでもない。つまり、見るオンリーのスポーツ、それがプロレスなのである。リングで受け身を取ったことのない「新聞記者」が、立派に解説者を務められる唯一のプロスポーツがプロレスである。

観客が、誰もプロレスを自分でやったことがない――この構造のなかで、プロレスラーは時に伝説化され、またプロレス特有の幻想が醸成されていった。リング上で起きていることは、果たしてウソなのかホントなのか。その虚実ないまぜになった世界は、レスラーとファンの間の情報格差によって保たれてきたわけだ。

「あのルー・テーズのバックドロップを食らったら最後、どんなレスラーでも絶対に返すことはできない」

誰もテーズのバックドロップを体感していないだけに、その説明だけでごく自然に納得してしまうのが、プロレスファンだったわけだ。見る者に深く考えさせない力がこれまでのプロレスにはあった。

しかし、プロレスが格闘技選手と交わり、また情報が広く共有される時代を迎え、プロレスのどうしようもない「理不尽さ」が明るみに出てしまった。冷静に考えれば、いつかはそういう瞬間が来るに決まっている。ただ、それがいつなのか、見当がついていなかっただけだ。

## ●「ケーフェイ」を守ることの意味

『週刊ファイト』は、団体側にとって好ましからざる媒体だった。いくらこちらが「新日本寄り」を強調したところで、新日本の会場に行けばフロントからはシカトされることもしばしばだった。団体と、まったく信頼関係のないことは心細くもあったが、その分、書き飛ばしたことが真実を射止めていたり、他誌の記者がカリカリする顔を見るのが唯一の楽しみだった。

しかし『ファイト』も最後のケーフェイだけは守った。私が編集長時代、記者の危ない原稿はすべて削ったし、I番危なかったI編集長の原稿でも、寸止めになるよう処理した。I編集長の原稿は、まさに猪木流だった。「ガチンコに見えるプロレス」ならぬ、「ガチンコと読める記事」。チラチラと拳銃の銃口をのぞかせながらも、最後まで砲身を出すことはしない。これによって、ファイトは生き延びてきたわけである。

部数が落ちてきたとき、私は『いっそのこと、書いてしまおうか』と考えたことすらあった。背に腹は替えられない……だが、結局最後まで拳銃の引き金を引くことはなかった。私の一存では決められなかったこともある。引く勇気がなかったのとも違う。ただ、いまではそうしなくて良かったと思っている。

「みんなが知っていることを隠してどうするんだ」

確かに、そういう意見もある。しかし、『ファイト』にはカミングアウト必要論などという大義名分はない。ここまで長い間、ウソを書いてくれれば、それはもう本当のことなのだという気持ちだった。

私は、プロレス界のために仕事をしてきたのではなく、『ファイト』が売れるようにと考え、仕事をしてきた。団体やレスラーを喜ばせるために『ファイト』を犠牲にしたことはほとんどない。何かあればすぐに取材拒否を持ち出してくる団体側と、ケーフェイを破った場合のリスクを総合的に考えたとき、やはりプロレスの秘密を明かしてはいけない、と判断した。それがすべてだ。

## ●「プロレス」より「総合格闘技」を見る現在

30年以上、私はプロレス専門紙の記者として仕事を続けてきた。そんな私は最近、こんな質問を受けた。

「井上さん、プロレスと総合格闘技、どちらが面白いですか？」

私は、正直に総合格闘技だと答えた。現在の、どちらが勝つか容易に分かる「HERO'S」などはさして面白いと思わないが、興味をそそられたのは、かつての「PRIDE」だ。「こういうカードを組んで、負けたほうはどうなるんだろうか」といった厳しいカードを、惜しげもなく次々と繰り出していた。

02年8月、国立競技場での7万人興行「Dynamite!」で見たサップvsノゲイラ兄の試合など、プロレスでは久しく見ることのできなかった緊張感を確実に感じていた。たとえていうなら、あの1976年の猪木vsアリ戦に通じるような、どちらが勝つのかというドキドキ感である。

プロレス専門紙の編集長として、猪木と新日本プロレスを裏切ることはできなかったが、個人的には格闘技のほうがよっぽど面白かった。どっぷりとプロレスに漬かってきた私がそうなのだ。プロレスファンが減るはずである。

いま、仮に全盛期のモハメッド・アリやマイク・タイソンを新日本プロレスのリングに招聘することができたとしよう。しかし、その相手が誰であったとしても、私はさして興奮しない。猪木vsアリ戦は、どちらもスーパースターであったからこそ意味があったのだ。双方にとって、負けたら大変なことになる試合——その緊張感がすべてだ。その意味で、いま、プロレス界にスーパースターは存在しない。最初から「仮に負けても、アリが相手なら仕方がない」という格差のある試合だったら、何の意味もない。

手に汗握った猪木vsアリ戦（1976年）

## ●米マット界の「衰退劇」の理由

現在のプロレスの衰退は、裏を返せば、あの強烈過ぎた猪木の「ストロングスタイル」の反動、副作用ということもできる。

昭和の新日ファンは、プロレスに優しくなかった。ちょっとでも茶番を見せつけられたら暴動を起こしかねない雰囲気を漂わせていた。それは旗揚げ戦のカール・ゴッチ戦からストロングスタイルを標ボウし、一連の日本人対決や異種格闘技戦で「強さ」をアピールしてしまった猪木の〝罪〟である。

80年代に入ると、猪木は糖尿病と痛風に苦しめられ、体力勝負ができなくなり、アングルに頼りすぎてボケツを掘った。しかし、その猪木の穴を埋めるスーパースターがおそらく出てこないであろうことを、私はもうそのときに確信していた。

80年代のマット界を思い起こしてもらいたい。ポスト馬場と言われたのはジャンボ鶴田と天龍源一郎であり、猪木の後継者とみられたのは長州力と藤波辰爾。ハッキリ言って、彼らクラスのレスラーが1つの団体に10人集まったとしても、ゴールデンタイム放送は維持できなかったと思う。

主役は、1人なのだ。鶴田、藤波、長州では、プロレス界を背負うにあまりにスケールが小さい。「ジャンルを超越した大スター」にはなり得ない。これは、誰が悪いのでもなく、どうしようもないことだったのだ。

米マットにも、〝古きよき時代〟があった。それは私が『ファイト』特派員として初渡米する以前の60年代初めから70年代初めにかけての10年間。

かつてニック・ボックウィンクルは、私にユーモアたっぷりにこんな話を聞かせてくれた。

「私は大学に在学中にプロレスデビューしたのだが、週末にリングに上がるだけで、半年ほどで高級スポーツカーを手に入れることができたよ」

しかし、80年代に入ると米マットはウソのように冷え込み始める。84年にビンス・マクマホンJRによるＴＶメディアを駆使した全米侵攻が始まると、わずか2、３年で全米のテリトリーは次々に消滅していった。

ＷＷＦとの興行戦争に敗れ、テリトリーが滅びた理由はハッキリしている。ガニア、フリッツ・フォン・エリック、ボブ・ガイゲルら古いプロモーターたちが、10年1日どころか20年1日のごとく、テレビを使ったワンパターンのプロモーションで興行をあおり、同じスタイルのプロレスを提供してきたからだ。

ハッキリ言ってしまうと、ガニアらは「ファンはプロレスをある程度真剣勝負と考えている」と見ていたのだ。しかし、同じ手を何十年も続ければ、ファンはプロレスの〝やらせ〟に気づき、会場から去っていく。

「彼ら（昔のプロモーター、レスラー）は何も分かっちゃぁいなかった。ファンの大半は、プロレスの秘密を分かっていたんだから」

旧米マット崩壊の原因をそう分析したのは、取材歴40年を誇る米プロレスジャーナリストのジョージ・ナポリターノ氏である。

日本のプロレス界が同時期に崩壊しなかった理由は、プロレスの進化、技の高度化である。これによって日本のプロレスは一定期間「延命」することができたが、やはり、その効果が薄れてきたころ、猶予されていた瓦解のスイッチが入ってしまったのだ。

## ●老兵は死なず

『週刊ファイト』休刊後、私はフリーとなった。現在のプロレス界とも自分のペースで付き合っていきたいと考えてはいるが、昭和の黄金時代のプロレスを見続けてきた者として、その凄みと魅力を記録し、後世に残す仕事にやりがいを感じている。

最近のレスラーは、あまりにも品行方正になり過ぎた。良くも悪くも普通の人と変わらず、遊びにも豪快さがない。収入の格差もあるので一概には言えないが、ラスベガスのカジノで100万円単位の金を賭けていた馬場や猪木に対し、今のレスラーはパチンコかパチスロ。

猪木は「最近の選手はマイホームの購入を考えたり金を貯めに走ったりで、すっかりサラリーマン化している。オレたちの若いころっていうのはベルトを取ることとかメーンイベントに出ることしか頭になかったけどなァ」と嘆いたことがあるが、目標や夢が小じんまりしてしまうとレスラーとしてのスケール感まで小さく見えてくるのは事実だ。

時代背景の違いもあって、力道山、馬場、猪木のようなカリスマレスラーは永久に現われないだろう。それを思うと寂しいが、新日本で言うなら、せめて闘魂三銃士クラスのレスラーは出現して欲しい。スケールの大きなスター選手が、この世界すべてを明るくする。

私を含め、ほとんどのプロレス記者は、夢とロマンを感じてこの世界に飛び込んできた人間。そしてこれまで、私は存分に仕事をさせてもらった。好きなことをして、ここまでメシを食わせてもらったプロレス界には深く感謝している。

「老兵は死なず、ただ去るのみ」というマッカーサーの有名な言葉がある。老醜をさらす前に身を引くという意味で引用されることが多いが、本来は、自分の責務をやり遂げることができた感謝の意を表現したものである。

私はいま、それに近い気持ちだ。

【コラム】

# 『ファイト』が受けた「取材拒否」

## 『ファイト』が受けた「取材拒否」

プロレスの試合に「額以外の顔面や後頭部、ミゾ落ちや脇腹にパンチを入れてはならない」などの〝暗黙のルール〟があるように、プロレス団体とマスコミの間にも「書いてはいけないこと」の不文律がある。

長いプロレス記者生活で体験した団体、レスラーとの〝いさかい〟について書く前に、まず取材拒否およびクレームの対象になる事柄を列記しておきたい。

●流血、乱入、仲間割れなど試合の仕組みの暴露。
●選手引き抜き、大物招聘、団体間の交渉事、ビッグマッチのメーンカードなどのスッパ抜き。
●興行不振および観客動員数の水増し発表の暴露。
●人気レスラーの異性関係（たとえ独身同士でもダメ）。
●表ざたになっていないレスラーの暴行事件。
●もめ事や離脱の原因になりかねないレスラーの年俸の公表。
●ビッグマッチが終わる前の大会の批判記事。

別に団体側からの通達があったわけではないが、専門誌はもちろん、スポーツ紙の記者の間でも、それらは〝最低限の鉄則〟になっているのだ。

さらに、試合について批判記事を書くとレスラー側からクレームがついたり、雑誌の表紙になる回数が少ない、ページが少ないといった理由で個別取材を断られるケースもある。それが積み重なってくると前記の鉄則を守っていても取材拒否をチラつかせる団体関係者もいるのだ。

だから、団体、選手とのいさかいは『週刊ファイト』に限らなかったのだが、私が同紙の一記者だった85年にはこんなこともあった。

新日本プロレスの新弟子時代のころから目をかけていた高野俊二（拳磁）から、「井上さん、いちどこちらに取材しに来て下さいよ。ごちそうしますから」と言われたので、他の取材も兼ねてミネアポリスへ行ったところ、彼は女子レスラーのシェリー・マーテルと市内の安アパートで同棲生活を送っていた。

米メジャー団体でブレークする前のマーテルとはいえ、国境を越えた2人の恋愛関係は格好のネタだ。そこで一緒に行ったスーパーマーケットや2人の〝愛の巣〟で撮りまくった写真の使用許可を高野に求めたところ、二つ返事でOK。マーテルと同棲していることも報道してかまわない、ということだった。

ところが、2人の同棲生活のもようを写真、活字の両方で大々的に報じた『週刊ファイト』が発売されるや否や、高野が所属する「カルガリーハリケーンズ」のマネジャーであるA氏が烈火のごとく怒り狂い、編集部に電話してきたのだ。

いくら「高野選手が承諾したこと」と説明しても、「本人はOKしていないと言ってる」ともの凄い剣幕で抗議し続けてきたA氏。話し合いは2時間半にも及んだものの、最後まで和解は成立しなかった。どうやら、事務所が大騒ぎになっていることを知った高野がA氏にウソを言ったようだ。

このように不倫でもないレスラーの異性関係を書いただけでも大問題になるのだから、ビッグアングルの絡むマッチメークを発表前に書き飛ばしたら、もっと大変。

これは編集長就任後の95年11月。私はあるルートから、同年12・30大阪城ホールで開催される『イノキ・フェスティバル』のメーンカード、アントニオ猪木・高田延彦組vs藤原喜明・山崎一夫組を入手。例によって1面でドカーンと報じたところ、田中秀和リングアナウンサーから編集部に抗議の電話が入り

「これ、営業妨害ですよ！」

と怒鳴りつけられたのである。永島勝司企画部長も怒り心頭だという。先走って書かれると、せっかくの仰天カードのインパクトが弱まるうえ、あおりにくくなるので当然だろう。

それから約3週間後に新日本の大阪府立体育会館大会で会った、12・30大阪城ホールの事実上のプロモーターである猪木も私に対して怒りあらわ。翌日、猪木が帰京するまでに行なう予定のインタビューにも難色を示されてしまった。

「今回はヤバイぞ……」

内心そう思っていたが、意外にも試合当日、誰からも小言すら言われなかった。

さらに、97年2月に小川直也のプロレス入りをスッパ抜いたときには、小川をスカウトした坂口征

二社長（当時）を怒らせてしまった。

80年代初めから90年代末にかけて、そんなことが何十回もあったにもかかわらず、猪木、新間寿氏、坂口氏、永島氏らは『週刊ファイト』を取材拒否しなかった。

それは彼らがマスコミに対し寛容かつ大人であることと、『週刊ファイト』が基本的に新日本寄りの媒体だったためと私は勝手に解釈している。

ところが、新間氏、永島氏に次ぐ3代目の仕掛人・上井文彦氏は涙もろい人情家ながら「生き馬の目を抜く」といわれる興行の世界で体を張ってきた武闘派。普段の柔和な表情とは裏ハラにキレやすいタイプでもあった。

02年5月、現場監督の長州力が新日本を退団してしばらくたってから営業部長と渉外の責任者を兼任することになった上井氏は、他団体やフリーの日本人選手と交渉する一方で、次々に仕掛けを行なっていた。

第2のマシン軍団とも言うべき魔界倶楽部の出現も彼が仕組んだアングルだ。

『週刊ファイト』は、いつもの調子でそれらを書き飛ばしていたのだが、そのころから上井氏は『週刊ファイト』の記事に相当カリカリしていたようだ。

翌03年になると「上井さんが『ファイト』を取材拒否すると言っている」という記者仲間の情報が私の耳に入ってきたのである。

編集長として聞き捨てにできない情報だった。そこで私は1月に新日本の選手の挙式に出席した際、トイレの前でスレ違った上井氏に真意を問いただしてみた。

「上井さん、ウチを取材拒否すると言っているらしいじゃないですか？」

「やるときはね、スパッとやりますから、そのつもりでいてください」

「じゃあ、どうすればいいんですか？」

「とにかくボクに確認を取ってから書いて下さいよ」

「なるべくそうしましょう。必ず電話しますので上井さんの携帯の番号を教えてください」

「あァ、いいですよ」

私はこの約束を守るつもりだったが、大阪に帰るともう毎日の出稿のことで頭の中がいっぱい。それ以上に、いろいろなライターから送られてくる新日本関連の記事をこと細かくチェックし、いちいち上井氏に確認を取る時間的な余裕はなかった。仮に全面的に原稿を書き直す事態になったら、降版に間に合わなかったことも事実だ。あくまでも、こちら側の都合にすぎないが……。

そして、結婚式場で会ってから3～4週間ぐらい過ぎてからだろうか。新日本の会見終了後に東京支社勤務のT記者が上井氏に呼び出され、前号の記事にクレームをつけられたのだ。

T記者によると、上井氏の気に触った記事は、5・2東京ドーム「アルティメット・クラッシュ」および新日本の格闘技部門に関連した内容。具体的にいえば、格闘技部門のスーパーバイザーとして大物格闘家（前田日明？）の招聘を検討していることとヴォルク・ハンの「アルティメット・クラッシュ」参戦を示唆した部分だ。

「一体、誰があの記事を書いて、どこに根拠があるのかボクが納得するまで説明してもらいましょう。

すぐ編集長に電話するように伝えてよ」

とT記者に言ったという上井氏。そこで、この報告を受けた私は早速、問題になった記事を書いたフリーライターから事情聴取。すると、この情報の出どころは上井氏本人というではないか。

それが事実かどうかは別にして、もともと上井氏には自分の頭の中で描いているプランを社外の人間に話すところが見受けられたため、私は思わず「ウーン」とうなり電話することをちゅうちょしてしまった。

まさか、

「あの情報を漏らしたのはアンタでしょ？　それなのに、なんでクレームをつけるんですか？」

とは言えないからである。まして、このような状況の場合、情報が事実であれ間違いであれ、相手の神経を逆なでするだけだ。


このとき結果として取材拒否という最悪事態に至った一番の要因は、上井氏と私の間にはまったく信頼関係がなかったこと。仮に『週刊プロレス』や『週刊ゴング』の上井シンパの記者が同じ内容の記事を書いていたなら何も言われなかったはず。問題は、私が「電話で確認を取る」という約束を守らなかった点にあるのだ。

T記者から報告を受けてから4日後にようやく上井氏に連絡を取り都内のホテルで話し合うことになったものの、時すでに遅し。

その前日、新日本直営の「闘魂ショップ」でも販売されていた『週刊ファイト』が東京支社に返品されてきたのだ。私はこれを〝絶縁状〟と受け取っていた。

案の定、上井氏との話し合いで和解することはできなかった。上井氏はあとで「(井上は)謝らなかった」と言ったらしいが、たとえ謝っていても、取材拒否を回避できなかったと思う。積もり積もったものが一気に爆発したからだ。

とはいえ、新日本の興行人気がいっこうに回復せず、渉外の責任者という重要なポストに就いた上井氏に想像を絶するストレスがたまっていたことは確か。これは東京で話し合った際に上井氏本人も言っていたことだが、03年になってから新日本の選手がほとんど『週刊プロレス』の表紙に起用されていないことに大きな不満と疑問を持ち、同誌にも取材拒否も辞さずの構えを見せていたのだ。

この不満は発売元の「ベースボール・マガジン社」の経営陣との話し合いで解消されたようだが、もし『週刊ファイト』とのトラブルがなければ、何らかのペナルティーが『週刊プロレス』に科せられたかもしれない。

東京ドーム、横浜アリーナ、両国国技館といった大会場でのビッグマッチを打ち続けなければ経営を維持できない新日本プロレスにおいて、最も責任が重いのは渉外担当。チケットがよく売れているうちは絶大な発言力と決定権を持てるが、会社の業績がどんどん落ちてくると、まさに針のむしろ。最後は居場所がなくなり、長州や永島氏のように辞表を出さざるを得ない状況に追い込まれるのだ。

とりわけ上井氏が采配を振るっていたころには、まず目先の興行を成功させなければ途端に金が回らなくなるという逼迫した状況。だから『週刊ファイト』の報道や『週刊プロレス』の編集方針にイラ立った当時の上井氏の心境はイヤというほど理解できる。その点についてはいまでも申しわけないことをしたと思っている。

ただ、私の立場からすると、謝りたくても謝れない。

団体に「すみませんでした。取材拒否を取り下げてくれないでしょうか」と頭を下げることは、無条件降伏を意味するからだ。そうなれば、スッパ抜きとスキャンダルを売り物にする『週刊ファイト』は成り立たなくなっていただろう。

それでも8月の「G1クライマックス」両国大会3日目に「取材拒否解禁になりそう」とのことで上井氏に謝罪に行ったところ、

「ウチにとっても『ファイト』さんは必要なんです！」

と言われたときにはジーンときてしまった。もし、この業界が世間でいわれるように本当に「村社会」であるなら、村の「掟」に従わない私の方が間違っているとも思った。

ところで、I編集長の時代（1967年3月に創刊）から06年9月に休刊になるまで、『週刊ファイト』が団体から取材拒否を食らったのは、わずか1回。正統派を貫いてきた『週刊プロレス』が全日本、SWS、新日本、WARなどから取材拒否されていることを考えると、これは奇跡に近い。

もし他紙が同じような編集方針をとっていたら取材拒否回数は10回ぐらいではきかなかっただろう。

新日本に限らず、全日本、プロレスリング・ノア、パンクラス、IWAジャパン、大日本プロレス、ガイア・ジャパン、ネオ・レディースなど、それこそあらゆる団体の抗議を受けてきた。

「告訴しますよ！」

と言われたことも2回や3回ではきかない。
なぜ、彼らは上井氏のように『週刊ファイト』をバッサリ斬り捨てなかったのだろうか？
休刊後、複数の団体関係者に聞いてみたところ、次のような答えが返ってきた。
「やっぱり、（取材拒否を）やったら何を書かれるか分からないという怖さがありましたよ。ウチの社長は、それを恐れていたんじゃないですか」（メジャー団体社員）
「書かれたときはカチンときたけど、もともとウチの会場には記者もカメラマンも来てなかったでしょ？　だから取材拒否しても意味がないというか、効果がないんですよね（笑）」（某インディー団体のオーナー）
「新日本さんなんかと違ってウチにはそれだけの体力的な余裕がないんですよ。早い話、たとえ1紙でも興行日程や対戦カードが載らなくなると不安ですよ。さんざん文句を言いましたけど、取材拒否を考えたことは1度もありません」（中堅団体社長）
「『ファイト』は大阪発ってことで身近に感じなかったからですよ。影響力がないというか……」（女子プロ団体元広報）
かつて『週刊ファイト』の報道をめぐって、いがみあったり衝突した団体関係者らも、いざ休刊となると好意的に語ってくれた。
また、何かにつけ〝ファイト嫌い〟を口にしていた永島氏は復刊に向けスポンサー探しに奔走してくれたし、上井氏も「復刊に役立てば……」と私に広島の実業家を紹介してくれた。やはり心のどこかに仲間意識があったからだろう。

しかし、それ以上にプロレスファンに知ってもらいたいのは、日本プロレス崩壊後のマット界が極めて健全だったことだ。ジャイアント馬場、アントニオ猪木、坂口征二らは個人的には闇社会とのつながりはまったくなく、その筋の人たちと食事をともにすることもなかった。

21世紀になってから大格闘技ブームが巻き起こり、プロレス人気が急落し始めたころ、某格闘技団体の社長が皮肉たっぷりに、そして勝ち誇ったように「プロレスは、よくここまでもったよ。何十年も……」と言ったらしいが、それはプロレス人気が根強いだけでなく、テレビ局側から見ても健全なジャンルだったからでもある。

もし『週刊ファイト』が格闘技の専門紙で、同じように好き勝手に書き飛ばしていたら、取材拒否ぐらいでは済まされなかったのではないか。いまになって、私はそんな風に思っている。

## あとがき

『週刊ファイト』編集長を務めた12年3カ月、私は依頼があっても他社の原稿はほとんど書かなかった。時間はなくはなかったが、週1回の休日をそれに費やしたくなかったことと、精神面の余裕がまったくなかったためだ。

しかし、『ファイト』休刊後、1年ほど前からフリーとして執筆活動を行なうようになり、現在はインターネットの「ミルホンネット」や、『レジャーニューズ』、07年に創刊された『Gリング』にレギュラーのコーナーを持たせてもらっている。

対会社、対部下、対印刷所、対プロレス団体といううわずらわしさがあった編集長時代とは大変な違いで、原稿を書いてそれに見出しを付けるだけなら、これほど楽な仕事はないとすら感じてしまう。

ただ、他誌では自分の本領を十分発揮できないもどかしさを感じているのも事実だ。『ファイト』流のスタイルで、その媒体が取材拒否に遭ったら大変だと思い、ある程度〝自粛〟しなければならない状況がいまだにある。私はここでその状況に不満を述べているのではない。ただ、改めて『ファイト』はもう存在しないのだということを実感しているのだ。

たとえば『週刊ゴング』の後継誌のひとつである『Gリング』。その誌面を見ると、改めて『ファイト』の報道姿勢との違いが分かる。ゲリラ的な『ファイト』のやり方に対し、『Gリング』はあくまで正攻法。だから、リーダー格である金沢克彦氏に対する選手、フロント陣の信頼度は絶大だ。信頼されているからこそ、彼が頼めば多少難しい企画や急な取材でもほとんどが通ってしまう。これも雑誌にとって大きな武器である。

金沢氏に関して言えば、試合リポートが抜群にうまい。06年、フリーとなっていた金沢氏に1度だけ新日本の両国国技館大会の記事を『ファイト』に書いてもらったが、視点の鋭さに驚かされた。『ファイト』の戦力としてノドから手が出るくらい欲しいとさえ思った。

金沢氏は、取材の場数もそうだが『ファイト』記者と違うのは団体や選手の信頼を得てノビノビと取材が出来ていること。仮に『ファイト』がそうした取材環境を望んだのであれば、まず拠点を大阪から東京に移さねばならなかったし、業界のルールを守って情報のスッパ抜きなどはやめなければならなかった。だが、生き残ることを考えればもちろんそれは無理である。

彼らの仕事ぶりを見て思うのは、やはり『ファイト』は情報の先取りとスキャンダル路線で良かったのだということ。弱者なりに見つけたそのスタンスがぶれてしまっていたら、正統派雑誌に埋没し、もっと早くに『ファイト』は消え去っていただろう。

『Gリング』で仕事をしている金沢氏、ターザン山本氏、私はいずれも『ファイト』育ち。I編集長の薫陶を受けた「井上チルドレン」の3人が、後に『ゴング』『週プロ』『ファイト』でそれぞれ編集長として火花を散らして戦うことになるのだが、それぞれまったく異なる個性で勝負ができたことは、幸せなことだったと思っている。

ジャンルとしてのプロレスは衰退期に入り、もうかつてのような黄金時代が戻ってくることはないだろう。いま私はかつての絶頂の時代にこの業界で仕事ができたことを感謝するのみである。

私は今後、自分の青春そのものである昭和のプロレスについて、自分の知るところを書き残していきたいと考えている。私をこの世界に引きこんでくれた数々の名選手たちに対する恩返しだ。


個人的にもやらなければならないことが残っている。

岡山県津山市にある墓地で眠っている、I編集長こと井上義啓氏の墓参りだ。

I編集長には感謝しきれないほどお世話になったのに、何のお返しもできておらず、それだけは悔いが残っている。

2人とも同じ神戸市須磨区に住み（当時）、苗字も同じ。生涯を『ファイト』に捧げたI編集長は、私と人生の大半を共有していた、あまりにも大きな存在。06年、『ファイト』とともにI編集長がこの世を去ったことは、私にはまったく偶然とは思えなかった。

I編集長については没後2冊の本が出版されている（06年、07年）。生前の発言や原稿をまとめたもので、採算を度外視してまで単行本を出版して下さった「kamipro」のスタッフにはこの場を借りてお礼を申し上げたい。


最後になるが、06年9月、私はターザン山本氏とともに、東京・水道橋でトークショーを行なった。それまで、ほとんどと言っていいほど一般の読者と接してこなかった私は、その場で初めて、大勢の『ファイト』読者がいたことをこの目で見た。

「これだけのファンが、『ファイト』を愛読してくれていたのか……」

私は深く感謝するとともに、休刊してから初めてこうしたことに気づく自分に対し、何とも言えない感情がこみ上げてきた。

『週刊ファイト』休刊から、すでに長い時間が経過してしまったが、ここで改めて読者の皆様には厚くお礼を申し上げたい。本当にありがとうございました。

井上譲二

2008年1月

# プロレス「暗黒」の10年

2008年2月18日　第1刷発行
2008年3月15日　第2刷発行

著者／井上譲二

発行人／蓮見清一

発行所／株式会社　宝島社

〒102-8388　東京都千代田区一番町25番地
電話：営業　03-3234-4621
　　　編集　03-3234-3692
郵便振替 00170-1-170829（株）宝島社

装丁・本文デザイン／渡辺愎司

印刷製本／中央精版印刷株式会社

本書の無断転載を禁じます
乱丁・落丁はお取替えいたします
定価はカバーに印刷してあります

©2008　Printed in Japan

ISBN 978-4-7966-6116-4